"十二五"职业教育国家规划教材

经全国职业教育教材审定委员会审定

高职高专经管类核心课系列教材

经济金融指标解读

（第三版）

郭福春　姚星垣　主编

科学出版社

北　京

内 容 简 介

本书共分 6 个项目,主要介绍国民经济指标、货币市场指标、资本市场指标、外汇市场指标、保险市场指标和房地产市场指标相关内容,为读者解读了这些指标的内涵。本书讲解深入浅出,图文并茂,易教易学。

本书既可作为高职高专经济、金融类专业学生的学习用书,又可作为各界人士经济金融方面的普及读物。

图书在版编目(CIP)数据

经济金融指标解读/郭福春,姚星垣主编. —3 版. —北京:科学出版社,2023.1

("十二五"职业教育国家规划教材·高职高专经管类核心课系列教材)

ISBN 978-7-03-070990-5

Ⅰ. ①经… Ⅱ. ①郭… ②姚… Ⅲ. ①经济指标-高等职业教育-教材②金融市场-指标-高等职业教育-教材 Ⅳ. ①F222②F830.9

中国版本图书馆 CIP 数据核字(2021)第 259200 号

责任编辑:薛飞丽 / 责任校对:马英菊
责任印制:吕春珉 / 封面设计:东方人华平面设计部

科 学 出 版 社 出版

北京东黄城根北街 16 号
邮政编码:100717
http://www.sciencep.com

三河市良远印务有限公司印刷
科学出版社发行 各地新华书店经销
*

2008 年 9 月第 一 版　2023 年 1 月第十三次印刷
2015 年 6 月第 二 版　开本:787×1092 1/16
2023 年 1 月第 三 版　印张:12
字数:285 000

定价:38.00 元

(如有印装质量问题,我社负责调换〈良远〉)

销售部电话 010-62136230　编辑部电话 010-62135397-2039

第三版前言

光阴似箭，这本《经济金融指标解读》即将迎来 15 岁的生日。过去的 15 年，是我国奋发进取、变革图新的 15 年，也是迎接挑战、砥砺前行的 15 年。接下来将进入"以中国式现代化全面推进中华民族伟大复兴"的新征程。

中国式现代化是"全体人民共同富裕的现代化""人与自然和谐共生的现代化"。近年来，国际和国内经济金融形势发生了深刻的变化，有些可以通过跟踪传统指标加以体现，有些则需要发掘、探索一些新的指标才能理解其中的奥秘。这次修订，主要是在第二版的基础上，紧跟新时代变化的趋势和步伐进行更新。主要体现在以下方面：

第一，优化和调整教学内容。根据实际情况，增加 LPR、MLF 等一些新的指标，对部分内容进行调整以符合国家各项最新的政策。根据实际教学效果，对部分理论较深的内容进行了适当删减。

第二，全面更新数据和案例。本次修订对教材中的数据和案例进行了全方位地更新。按照与时俱进的要求，绝大部分数据更新到截稿时的最新状况；同时，除部分经典的案例予以保留外，根据实际情况对案例中的各项指标数据做了调整，并新增了一些典型案例。

第三，重视职业素养的提升。优化扩展资源，进一步明确和强化对职业能力的培养；通过丰富在线学习、趣味延伸（小看板、小贴士）等栏目的内容，使学习内容更符合当前学习的新趋势。

本书由郭福春、姚星垣主编。编写分工如下：项目一由李武编写；项目二由郭福春和姚星垣编写；项目三由杨树林编写；项目四由姚星垣编写；项目五由李兵编写；项目六由傅玳编写。郭福春拟定编写大纲并总纂定稿，姚星垣协助做了修改统稿和技术性工作。

可以预见的是，随着我国各项改革事业的进一步推进，经济金融领域仍将不断有新的变化，编者将继续动态跟踪这些变化，并不断优化本书的教学内容。敬请各位专家、同人批评指正。

第一版前言

随着中国经济的迅速发展，人们对国民经济和资本市场的关注度也在不断提高。然而，经济金融运行中的一些指标束缚和制约了非经济金融专业人士对经济金融环境及发展趋势的正确认识和理解。本书正是基于上述因素，面向非经济金融专业人士，将经济金融运行中的一些常用指标，以通俗易懂的形式表现出来，用来提高人们对经济金融问题的分析和理解程度。

本书以图表、新闻、案例等形式从最常见的指标入手，逐步深入，介绍各个主要经济指标的含义、影响因素及其对经济生活的影响，尽量采用通俗的语言，适当采用类比等方法，阐述最主要的概念和最基本的规律。本书主要选取经济生活中常用的经济数据和金融指标，编写上不追求知识体系的系统性和完整性，重点在于培养读者对经济金融领域重要指标数据的解读与分析判断能力，培养读者对经济金融数据的敏感性，为他们从事经济金融工作以及各项投资活动打下良好的基础。

全书共分为六章。第一章由李武编写；第二章由郭福春和姚星垣编写；第三章由杨树林编写；第四章由姚星垣编写；第五章由李兵编写；第六章由傅玳编写。郭福春拟定编写大纲并总纂定稿，姚星垣协助做了大量的改稿和技术性工作。

为便于读者更好地理解本书的内容，增加阅读的趣味性，本书还设置了丰富多彩的栏目。

核心指标：指标解读的核心部分，解释最主要的经济指标。

小看板：以图表、新闻、案例等资料，引入当前经济热点中最常见的指标进行说明。

小词典：对重要的指标、概念和术语用比较规范的语言加以归纳。

我能我会：概括指标解读的要点，或者以实际（数字）的例子具体说明。一般以问题的形式提出，然后给予解答。

注意风险：提示指标达到某个限度时将意味着某种风险较大或有不利的局面发生。

小贴士：关键点的特别提醒，或者对比较重要又比较难以理解的指标和概念用类比等方法通俗地加以说明。

知识链接：对阐述说明过程中涉及的专业术语和相关知识加以补充说明。

进阶技巧：重要指标、基本规律的深化，有一定的理论深度或者高级操作技巧。

另外，在适当的部分设有"算一算""议一议""想一想"三个互动思考练习提示。在每一章的末尾都有"指标解释"和"核心指标解读要点"两个栏目。

编者在编写本书的过程中得到了周建松教授的悉心指导和帮助，并且在与浙江金融学院科研处陶永诚副教授的讨论中，收获颇多，在此深表谢意。此外，还参考了国内外大量文献，吸收了其中很多研究成果，在此一并对相关作者表示感谢。

由于编者水平有限，书中不足之处在所难免，敬请广大读者批评指正。

目　录

项目一　国民经济指标解读 ………………………………………………………… 1

　　任务一　国民收入指标解读 …………………………………………………… 2

　　任务二　物价水平指标解读 …………………………………………………… 16

　　任务三　就业状况指标解读 …………………………………………………… 22

项目二　货币市场指标解读 ………………………………………………………… 27

　　任务一　货币供给指标解读 …………………………………………………… 28

　　任务二　利率水平指标解读 …………………………………………………… 36

　　任务三　金融安全指标解读 …………………………………………………… 45

项目三　资本市场指标解读 ………………………………………………………… 55

　　任务一　股票市场指标解读 …………………………………………………… 56

　　任务二　债券市场指标解读 …………………………………………………… 67

　　任务三　基金市场指标解读 …………………………………………………… 71

项目四　外汇市场指标解读 ………………………………………………………… 87

　　任务一　汇率水平指标解读 …………………………………………………… 88

　　任务二　国际收支指标解读 …………………………………………………… 98

　　任务三　外汇市场指标解读 …………………………………………………… 113

项目五　保险市场指标解读 ………………………………………………………… 121

　　任务一　人寿保险指标解读 …………………………………………………… 122

　　任务二　汽车保险指标解读 …………………………………………………… 132

　　任务三　社会保险指标解读 …………………………………………………… 141

项目六　房地产市场指标解读 ……………………………………………………… 153

　　任务一　住宅市场指标解读 …………………………………………………… 154

　　任务二　按揭贷款指标解读 …………………………………………………… 167

　　任务三　房地产市场风险指标解读 …………………………………………… 174

参考文献 ……………………………………………………………………………… 181

项目一　国民经济指标解读

✍️ **学习目标**

1. 知识目标

1) 掌握国民生产总值的含义和基本应用。
2) 掌握物价水平的含义和主要指标。
3) 了解就业状况指标。

2. 能力目标

1) 能分析宏观经济走势的主要指标。
2) 能解释物价水平的影响因素及经济影响。

📜 **情境导入**

时间过得真快，小金也在盘算起找工作的事情来。看到新闻里"我国经济已由高速增长阶段转向高质量发展阶段""坚持绿色发展""稳定大学生就业"的报道，小金也在思考是找"比较保险"的工作，还是找"有发展前途"的工作这个问题。

思考：关于就业，你和小金有一样的困惑吗？工作机会和整个经济形势、物价水平之间有什么关系？

任务一　国民收入指标解读

核心指标

国内生产总值（gross domestic product，GDP）

GDP 平减指数

实际 GDP 与名义 GDP

潜在 GDP

国民生产总值（gross national product，GNP）

绿色国内生产总值（绿色 GDP）

国民收入（national income，NI）

个人收入（personal income，PI）

个人可支配收入（personal disposable income，PDI）

经济生态生产总值（gross economic-ecological product，GEEP）

小看板

何谓 GDP

国家统计局发布的统计数据显示，2021 年全年中国 GDP 为 1 143 670 亿元，比 2020 年增长 8.1%。那么，究竟何谓 GDP 呢？

一、国内生产总值

国内生产总值（GDP）是指一年内在本国领土上生产的最终产品（含服务）的市场价值总和，它以国境为统计标准，所以包括本国与外国公民在本国生产的最终产品的价值总和，但是不包括本国居民在外国领土上生产的产品。

作为国民经济核算体系的核心指标，GDP 是衡量一个国家（或地区）综合实力的重要指标。例如，我们说的经济要达到 8% 的增长目标，是指 GDP 比上一年增长 8%。GDP 是经济学家为了反映经济生活水平的变化情况而提出的经济指标。为了使我们能够把所有的产品与服务的数量用一个数字来表达，经济学家想到了各种产品和服务的价格这一数字。因为所有的产品或服务都有价格，可以用价格来叠加，但是我们在利用产品的价格来计算其数量的变化时，必须考虑价格变化的因素（物价变化水平）并进行调整。

（一）GDP 的计算方法

如果想要读懂一国经济，想要理解宏观经济运行，就必须了解 GDP 内部各组成部分之间的联系。这首先需要了解 GDP 的三种计算方法：支出法（expenditure approach）、收入法（income approach）和生产法（production approach）。

1. 支出法

计算 GDP 的支出法包括什么内容？

支出法又称最终产品法（final product approach）。支出法的基本原则是从最终产品的使用的角度出发，把一年内购买的各项最终产品的支出加总，计算该年内生产的产品和劳务的市场价值。

用支出法计算 GDP 包括消费支出、投资支出、政府购买和净出口。

用支出法计算的 GDP=消费+投资+政府购买+净出口。

采用支出法计算 GDP 时，统计对象主要包含以下项目。

（1）消费

消费（consumption）支出是指本国居民对最终产品和服务的购买，是一个国家总需求中最主要的一个部分，一般占 GDP 的一半以上。

消费支出包括耐用消费品支出（使用时间一年以上及一定的价格标准）、非耐用消费品支出和对服务的支出。

（2）投资

投资（investment）是指企业用来购买机器设备、建设厂房的支出和居民住房投资，包括对厂房、住宅建筑、机器设备、存货的支出。

投资可分为固定资本投资（fixed investment）和存货投资（inventory investment）两大类。固定资本投资是指在可以长期使用的资本品上的投资；存货投资是一种暂时性的投资，包括企业中没有卖掉的产品、半成品、原材料、燃料等。存货在生产活动中就像设备，能提供某种服务。

例如，如果 2019 年一国投资是 800 亿美元，2018 年末资本存量是 9000 亿美元。由于机器、设备、厂房等会不断磨损，这 9000 亿美元资本存量中也许每年要消耗 300 亿美元，这 800 亿美元投资中就有 300 亿美元要用来补偿旧资本的消耗，新增加的投资实际上只有 500 亿美元，这 500 亿美元叫作净投资，而这 300 亿美元因为是用来重置资本设备的，所以叫作重置投资。净投资与重置投资的和为总投资。用支出法计算 GDP 时的投资是指总投资。

（3）政府购买

政府购买（government purchase）是指政府购买的产品与劳务的总和。政府支出包括政府购买支出和政府转移支付。政府购买支出是指各级政府部门对商品和劳务的购买支出，包括经常性支出与建设性支出，计入 GDP。政府支出的另一部分是转移支付，包括社会福利支出和公债利息支出，不计入 GDP。

（4）净出口

净出口（net exports）是指出口减去进口得到的差额，表示本国最终产品有多少是通过外国人支出而实现的市场价值。

出口和消费支出、投资支出及政府购买一样，都是对本国商品和劳务的购买，应该计入 GDP。进口是本国对外国生产的商品和劳务的购买，在计算 GDP 时要把进口减去。

> **想一想**
>
> 经济学家经常探讨的经济增长"三驾马车"是什么？

2. 收入法

计算 GDP 的收入法包括什么内容？

收入法又称要素支付法（factor payment approach）、成本法，即从生产过程形成收入的角度计算 GDP，从居民向企业出售生产要素获得的收入角度看，从企业来说，也就是从生产成本（企业购买生产要素时支付的工资、利息、租金、利润构成的生产成本）的角度看，就是社会在一定时期内创造了多少收入。

最终产品的市场价值 GDP 中除了生产要素收入构成的生产性成本，还有间接税、折旧、企业转移支付等非生产性成本。因此，需要对生产要素收入做一些调整，才能得到 GDP。

用收入法核算 GDP，包括工资、利息、租金、利润，企业转移支付，企业间接税与非税支付，资本折旧；减去政府净补贴；加减统计误差。

用收入法核算的 GDP=工资+利息+租金+利润+企业转移支付+企业间接税与非税支付
+资本折旧-政府净补贴±统计误差

（1）工资、利息、租金、利润

工资从广义上说包括所有工作的收入，即受雇于企业、政府、居民所取得的酬金、津贴、福利费，其中包括收入者必须缴纳的个人所得税及社会保险税。

利息在这里指人们储蓄所提供的货币资金在本期的净利息收入。净利息包括厂商支付的利息减去厂商获得的利息的差额，加上从国外获得的净利息。各级政府支付的利息和消费者支付的利息与现期的生产活动没有直接关系，因此，被排除在国民收入以外。企业与企业、政府与政府之间的利息支付也不计入国民收入。

租金是指自有住房隐含的租金收入、专利收入、版权收入和凭借对自然资源的所有权获得的收入。

利润是指公司税前利润，包括公司所得税、股东红利、公司未分配利润等。

（2）企业转移支付

企业转移支付是指厂商对个人和非营利机构的支付，包括消费者消费信贷坏账的补贴和对大学及慈善等非营利机构的馈赠等。因为厂商的转移支付不涉及商品和劳务的交换，至少在厂商转移支付发生的当年是这样，所以，企业转移支付反映的是厂商资源的流失，不属于各种生产要素的收入，但是可以通过产品转嫁给消费者，应该计入 GDP。

（3）企业间接税与非税支付

企业间接税是指企业缴纳的货物税或销售税、营业税等。这些税收虽然不是生产要素创造的收入，但要通过产品加价转嫁给购买者，因此，也应看作是非生产性成本。为了使支出法计得的 GDP 与收入法计得的 GDP 一致，必须将间接税加到收入方面计入 GDP。

非税支付包括审查费用、专项评估费用和各种罚款等。

（4）资本折旧

资本折旧即资本的耗费，也不是生产要素的收入，但包括在支出法中的总投资中，因此也应计入 GDP。

我们在习惯上将折旧当作一种收入。

资本折旧是总利润的一部分，但不是净利润的一部分。

（5）减去政府净补贴

政府补贴是对产品售价低于生产要素成本价格的企业的补贴，目的是弥补政府企业的损失来维持这种产品的生产。

政府净补贴是政府补贴减去政府企业的盈余。这种净补贴可看作一种负税，因此，用收入法核算 GDP 时应从 GDP 中减去。

（6）加减统计误差

用收入法与支出法计算的 GDP 虽然在理论上是相等的，但在实际上常有误差，我们通常以支出法计算的 GDP 为准，因此以收入法计算的 GDP 还要加减一个统计误差。

试一试

目前我国以收入法计算的 GDP 中各部分的比例大体是多少？计算 GDP 的支出法包括什么内容？

3. 生产法

我能我会

计算 GDP 的生产法包括什么内容？

生产法又称部门法（sector approach），是从生产过程中创造的货物和服务价值中，剔除生产过程中投入的中间货物和服务价值，得到增加值的一种方法，从生产的角度反映 GDP 的来源。政府部门劳务按其收入计算。

我国现行统计制度把国民经济分为农业、采掘业、化学工业、金融保险业等 17 个部门进行生产法（或部门法）统计。

用生产法计算的 GDP=全部企业的增加值=全部企业收入（总产出）-全部中间产品的成本（中间投入）。

例如，某服装生产企业通过生产法进行 GDP 的核算，见表 1.1。

表 1.1　服装生产过程的总产出与增加值　　　（单位：万元）

生产者	产品	总产出	增加值
棉农	籽棉	1000	1000
轧棉厂	棉花	1400	400
纺纱厂	棉纱	2000	600
织布厂	棉布	2800	800
印染厂	花布	3800	1000
服装厂	服装	5000	1200
总计		16 000	5000=GDP

目前我国生产法计算的 GDP 中，17 个部门各占多大比重呢？

（二）GDP 核算的局限性

GDP 核算受以下因素的限制。

1. 地下经济

地下经济是指为了逃避政府管制所从事的经济活动。

一些地下经济活动是为了逃税或逃避政府的最低工资法、劳动保障法等，而有的活动本身就属于非法行为，如走私、贩毒等。因为这些活动所产生的产品和服务的交易躲过了政府的记录，所以这些交易没有被计入 GDP。

2. 非市场经济

非市场经济活动是指那些公开的但没有市场交易行为的经济活动。

家务劳动是典型的非市场经济活动，它由家庭内部成员完成，不进入市场进行交换，因此无法用市场价值来衡量。

例如，当一位保姆提供家务劳动时，收入被计入 GDP；但如果这位保姆与男主人结婚，虽然她付出与以前相同的劳动，但这些劳动不再被计入 GDP。

3. 福利状况

GDP 并没有告诉我们享受了多少闲暇、收入分配如何、环境污染到了什么程度、产品质量的改进情况。总产出增加的同时往往会带来污染、噪声、交通拥挤。因此，在 GDP 增加的同时，社会福利却有可能减少。

威廉·诺德豪斯（William Nordhaus）和詹姆斯·托宾（James Tobin）设计了一个经济福利标准（measure of economic welfare）来试图反映福利状况。经济福利标准在国民收入核算中加入了对闲暇、家庭劳务、收入分配、污染、城市的拥挤等的调整和折算。

小贴士

做家务要计入 GDP 吗

一位先生发现他雇佣的保姆勤劳、贤惠又可爱，于是娶她为妻。在此之前，他需要向保姆支付工资，因此，保姆所从事的做饭、清扫房间、照顾老人等劳动理所当然地被计入 GDP。但是，保姆被娶为妻后，她虽然从事同样的劳动，但雇佣关系不复存在，没有人再向她支付这部分劳动的报酬，她的所有活动在婚后不再被计入 GDP。

从经济学的角度上说，保姆变成妻子，对 GDP 来说，实际上是一种"损失"。1992 年获得诺贝尔经济学奖的美国经济学家加里·S. 贝克尔（Gary S. Becker）主张在"统计 GDP 时，应该把家务的贡献也算在里面"。他认为，"由于做家务要花费相当长的时间，因此，家庭所提供的服务和商品应该是国家整体生产的重要部分"。

但现实往往是，如果某个主妇不到外面工作，"专职"做家务，就可能被认为"吃闲饭"。一般人认为，在自己家里做家务绝不能算是就业，只有走出家门，哪怕是到别人家里做家务，才算是有了一份工作。与此相对应，GDP 中从来就不体现人们在自家做家务这部分劳动；但如果出去当保姆，该部分劳动报酬一定会反映到 GDP 里面。

2002 年，英国对不付报酬的家务劳动做了一次估算，大约价值 7000 亿英镑。这一家庭产值相当于调整后的英国实际 GDP 的 77%——一个可以和国家统计数字分庭抗礼的价值冰山。

玛丽·凯瑟琳（Mary Catherine）和罗伯特·伯格诺（Robert Birgeneau）是加拿大最高学府——多伦多大学（University of Toronto，U of T）的同学，但嫁给罗伯特之后，凯瑟琳成了全职太太。罗伯特回到故乡出任多伦多大学校长一职时，在与校方签订的 7 年任职合同里写到，他的妻子每年将得到 6 万美元的薪水，她的工作相当于校长行政助理。凯瑟琳成为加拿大第一位被支付报酬的校长夫人。

千百年来妻子们做着同样的工作，从来没有人因为照顾丈夫、协助丈夫工作而获得报酬，她们工作的酬劳被认为包括在丈夫的收入里。即使是在美国，在以开明著称的学术界，也只有约 4% 的大学校长夫人得到报酬，而且是以办公津贴、汽车补贴等间接形式支付的。

由于家务劳动既难以量化，又缺乏标准，很难制定相应的价格策略，所以后来的尝试都失败了。对此，有经济学家指出，可以应用"市场替代原则"，即把妻子每日做家务劳动的报酬换算成雇佣工人来做需要支付的费用，以此为依据来制定相应的评估标准。现在，这一理论终于在多伦多大学得到了支持和应用。校方曾多次讨论，如果没有凯瑟琳的辅助性工作，至少要增加 1～2 位校长助理。他们就是以此为根据，把年薪定在 6 万美元。凯瑟琳做了 30 多年全职太太，现在她的工作终于被计入 GDP。

（资料来源：作者根据相关资料整理。）

（三）我国如何统计 GDP

《国家统计局关于 2019 年国内生产总值（GDP）最终核实的公告》中关于 GDP 核算的范围、单位、步骤、法律依据和制度规定，以及年度 GDP 核算方法如下。

1. 核算范围

（1）生产范围

GDP 核算的生产范围包括以下四个部分：第一，生产者提供或准备提供给其他单位的货物或服务的生产；第二，生产者用于自身最终消费或固定资本形成的所有货物的自给性生产；第三，生产者为了自身最终消费或固定资本形成而进行的知识载体产品的自给性生产，但不包括住户部门所从事的类似的活动；第四，自有住房提供的住房服务，以及雇佣有酬家庭服务人员提供的家庭和个人服务的自给性生产。生产范围不包括没有报酬的家庭和个人服务、没有单位控制的自然活动（如野生的、未经培育的森林、野果或野浆果的自然生长，公海中鱼类数量的自然增长）等。

（2）生产活动主体范围

GDP 生产活动主体范围包括了中国经济领土范围内具有经济利益中心的所有常住单位。

2. 核算单位

GDP 核算主要以法人单位作为核算单位，在核算中依据法人单位从事的主要活动将其划分到不同的行业，分别计算各个行业的增加值，再将各行业增加值汇总得到 GDP。

3. 核算步骤

按照 GDP 核算时效性的要求，中国年度 GDP 要进行两次核算，第一次为 GDP 初步核算，第二次为 GDP 最终核实。一般来说，与初步核算相比，最终核实结果会有所变化。

（1）初步核算

2015 年以前，我国季度 GDP 核算采用累计核算方式，1～4 季度 GDP 初步核算数即为年度 GDP 初步核算数。从 2015 年 3 季度开始，我国季度 GDP 核算改为分季核算方式，即分别核算 1 季度、2 季度、3 季度和 4 季度 GDP 数据，再将各季度 GDP 数据相加得到年度 GDP 初步核算数。年度 GDP 初步核算在次年 1 月 20 日之前完成。

（2）最终核实

年度 GDP 最终核实一般在隔年 1 月份左右完成。年度 GDP 最终核实能够利用更加全面、可靠的基础资料，这些资料包括国家统计局专业统计年报资料、部门年度财务统计资料、财政决算资料等。最终核实过程中，主要根据这些资料采用生产法或收入法核算各行业增加值及 GDP。

4. 法律依据和制度规定

GDP 核算严格遵守《中华人民共和国统计法》的规定。目前，中国 GDP 是按照《中国国民经济核算体系（2016）》的要求进行核算的，该体系采纳了联合国《国民账户体系（2008）》的基本核算原则、内容和方法。

5. 年度 GDP 核算方法

（1）分类体系

在年度 GDP 核算中，行业划分依据中国国民经济行业分类标准和三次产业划分标准，并采用两种分类方式。

第一种分类是国民经济行业分类，采用国家标准管理部门 2017 年颁布的《国民经济行业分类》（GB/T 4754—2017）。在实际核算中采用两级分类。

第一级分类以国民经济行业分类中的门类为基础，分为农、林、牧、渔业，工业，建筑业，批发和零售业，交通运输、仓储和邮政业，住宿和餐饮业，金融业，房地产业，信息传输、软件和信息技术服务业，租赁和商务服务业，其他服务业等 11 个行业。其中工业包含采矿业，制造业，电力、热力、燃气及水生产和供应业 3 个门类行业；其他服务业包含科学研究和技术服务业，水利、环境和公共设施管理业，居民服务、修理和其他服务业，教育，卫生和社会工作，文化、体育和娱乐业，公共管理、社会保障和社会组织等 7 个门类行业。第二级分类在第一级分类的基础上，细化为行业大类。

年度 GDP 初步核算的行业分类与年度 GDP 最终核实的行业分类的差别，主要是对第二级分类的细化程度不同。

第二种分类是三次产业分类，依据国家统计局 2018 年修订的《三次产业划分规定》，分为第一产业、第二产业和第三产业。第一产业是指农、林、牧、渔业（不含农、林、牧、渔专业及辅助性活动）；第二产业是指采矿业（不含开采专业及辅助性活动），制造业（不含金属制品、机械和设备修理业），电力、热力、燃气及水生产和供应业，建筑业；第三产业即服务业，是指除第一产业、第二产业以外的其他行业（剔除国际组织）。

（2）资料来源

年度 GDP 初步核算采用季度 GDP 核算方法及资料来源，此处仅介绍年度 GDP 最终核实的资料来源情况。

一是国家统计调查资料，指由国家统计系统实施的统计调查获得的各种年报资料，包括：农林牧渔业、工业、建筑业、批发和零售业、住宿和餐饮业、房地产业、规模以上服务业等统计调查年报资料，住户调查资料，人口与劳动工资统计年报资料，以及价格统计资料等。

二是部门年度财务统计资料，指由国家统计局统一制定制度、有关行政管理部门和部分国有企业负责收集的本行业年度财务统计资料，如交通运输部、卫生健康委、中国石油化工集团有限公司汇总的所属企业或事业单位年度财务统计资料等。

三是财政决算资料，指由财政部编制的财政收支决算资料，以及中央部门所属的行政事业单位收支决算资料等。

四是行政管理部门的行政记录资料，主要包括国家税务总局、中国人民银行、中国银行保险监督管理委员会（以下简称中国银保监会）、中国证券监督管理委员会（以下简称证监会）等行政管理部门的相关数据，例如人民银行的金融机构本外币信贷收支资料、国家税务总局分行业的税收资料等。

（3）核算方法

年度 GDP 初步核算方法与季度 GDP 核算方法相同，这里不再赘述。以下介绍年度 GDP 最终核实方法。

1）现价增加值核算方法：农业、林业、畜牧业、渔业四个行业现价增加值采用生产法计算，其余行业现价增加值采用收入法计算。

2）不变价增加值核算方法：分行业不变价增加值采用固定基期方法计算，目前每 5 年更换一次基期，2016～2020 年不变价增加值的基期是 2015 年。

年度不变价 GDP 核算主要采用价格指数缩减法和物量指数外推法。

① 价格指数缩减法：利用相关价格指数直接缩减现价增加值，计算不变价增加值，计算公式为

$$某行业不变价增加值 = 该行业现价增加值 / 该行业价格指数$$

② 物量指数外推法：利用相关物量指标的增长速度推算不变价增加值的增长速度，

然后用上年不变价增加值和推算出的不变价增加值增长速度计算得出该行业当期不变价增加值，计算公式为

某行业不变价增加值=该行业上年不变价增加值×(1+该行业不变价增加值增长速度)

其中，不变价增加值增长速度根据本期相关物量指标（如运输周转量、从业人员等）增长速度，以及以前年度不变价增加值增长速度与相关物量指标的增长速度之间的数量关系确定。

知识链接

国内生产净值

产品价值中包括消耗的资本设备（折旧），故最终产品价值并未扣去资本设备消耗的价值，而资本设备是上期生产的并不是本期生产的，因此，国内生产总值是总增加值而不是净增加值。国内生产净值（net domestic product，NDP）表示一定时期内经济社会新创造的产品价值，即从 GDP 中减去折旧。

（四）GDP 平减指数

GDP 平减指数（GDP deflator）又称 GDP 缩减指数，是指没有剔除物价变动前的 GDP（现价 GDP）增长率与剔除了物价变动后的 GDP（即不变价 GDP 或实质 GDP）增长率之差。

如何理解 GDP 平减指数？

GDP 平减指数是指用来计算 GDP 的组成部分，如个人消费开支。它的计算基础比 CPI（consumer price index，居民消费价格指数）更广泛，涉及全部商品和服务（除消费外），还包括生产资料和资本、进出口商品和劳务等。因此，这一指数能够更加准确地反映一般物价水平走向，是对价格水平最宏观的测量。

经济学家之所以关注 GDP 平减指数，是因为与投资相关的价格水平在这一指标中具有更高的权重。由于 GDP 平减指数不像消费者物价指数那样有固定的一篮子抽样调查商品，而且除消费品外包括投资品等所有经济活动项目，因此，GDP 比 CPI 可以更充分地反映整体价格变动。例如，中国近年来房价高涨，但房价没有计算在 CPI 之中，用 GDP 平减指数则可以反映这一变化。一些专业机构研究人员也更愿意使用 GDP 平减指数来衡量通货膨胀。

（五）实际 GDP 与名义 GDP

GDP 衡量的是一定时期内生产的商品和劳务的市场价值，因此，不同时期的 GDP 的差异既可能是由于商品和劳务实物数量的变化，又可能是由于价格水平的变化。

为了能够对不同时期的 GDP 进行有效的实物比较，我们选择某一年的价格水平作为标准，各年的 GDP 都按照这一价格水平来计算。这个特定的年份就是基年（base year），这一年的价格水平就是不变价格（constant price）。用不变价格计算的 GDP 叫作实际 GDP（real

GDP），而用当年价格（current price）计算的 GDP 叫作名义 GDP（nominal GDP），见图 1.1。

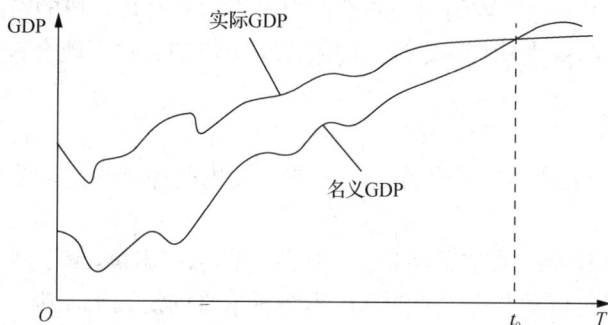

图 1.1 实际 GDP 与名义 GDP（t_0 指基年）

实际GDP=名义GDP/GDP价格指数。实际GDP实际上是将名义GDP用相应的GDP价格指数紧缩而来，因此，GDP价格指数又称为GDP折算指数、GDP缩减指数或GDP平减指数。

（六）潜在 GDP

潜在 GDP 可以简单地理解为一个国家在一定时期内可供利用的生产资源在正常情况下可以产出的最大产量。

潜在 GDP 与各年度事实上生产出来的 GDP 可以是不一致的。例如，在经济衰退期间，潜在 GDP 大于实际 GDP；当有更多的成年人参加劳动或（和）增加时数，实际 GDP 将大于潜在 GDP。

潜在 GDP 也可以看作一国实现充分就业时的 GDP。潜在 GDP 并不是固定不变的，而是不断增长的。因此，为了使失业率保持在充分就业会有的水平，要求实际 GDP 增长率恰好等于潜在 GDP 的增长率。

潜在 GDP 计算比较困难，通常按照一些年的 GDP 平均计算。

例如，美国在第二次世界大战结束至 20 世纪 80 年代的近 40 年期间，实际 GDP 的年平均增长率大约是 3%，我们把 3% 的增长率视为潜在 GDP 增长率。

潜在 GDP 与实际 GDP 之间的差距叫作 GDP 缺口（GDP gap）。

GDP 缺口可以衡量放弃了的本来可以生产出来的物品和劳务。因此，缺口表现了经济衰退、资源浪费及失业的情况。

在短期内，国民经济的产出水平由就业水平决定，奥肯定律（Okun's law）描述了失业率变动和 GDP 变动之间的负相关关系。奥肯定律为 GDP 增长率和失业率变化率之间相互转换提供了一个粗略的估算法则。奥肯定律由美国经济学家阿瑟·奥肯（Arthur Okun）提出，用来近似地描述失业率和实际 GNP 之间的交替关系。奥肯定律的内容是"失业率每高于自然失业率 1%，实际 GNP 便低于潜在 GNP3%"。按照奥肯定律所估计、统计的结果，实际增长率高于潜在增长率一个百分点，失业率会下降半个百分点。尽管奥肯定律是对美国实际经济增长率与失业率间长期内在关系的一种表述，但具有普遍的意义。因为奥肯定律本来就是一个经验定律，是根据美国的数据得出的结果，不是一个铁律。在我国，失业和经济增长也有一定的负相关，不过，不是奥肯定律所反映的那样，而是另外一个不同的数值。我国的经验数据得出不同于奥肯定律的新的定律，而且这个定律只是在一定时期内才具有稳定性，随着经济形势的变化可能会有变动和调整。

二、国民生产总值

国民生产总值（GNP）是一国居民在一定时期内所拥有的投入要素所生产的最终产品的总值。

GNP 是一国居民所拥有的劳动和资本所生产的总产出量，依据的是国民原则；GDP 是一国国境内的劳动和资本所生产的总产出量，依据的是国土原则。

例如，中国的某个跨国公司在瑞士境内投资建厂所生产的最终产品价值计入瑞士的 GDP 和中国的 GNP，但不计入瑞士的 GNP 和中国的 GDP；一个瑞士经济学家飞到中国举办一场关于"新经济与风险投资"的收费讲座时，讲座收入计入中国的 GDP 和瑞士的 GNP，但不计入中国的 GNP 和瑞士的 GDP。

在计算 GNP 时，应该将外国居民拥有的本国产出从 GDP 中扣除；相反，本国居民通过各种方式从国外获取的收入应叠加进来，以得出完整的 GNP 数值。

GDP 是从地域角度划分的，考虑的是一国经济领土以内经济产出总量；GNP 是从身份角度划分的，统计利用一国国民（常住单位）拥有的劳动和资本等要素所提供的产出总量。随着国际经济联系加强，强调身份区别的 GNP 相对重要性下降，重视地域范围的 GDP 相对重要性上升，从而使 GDP 成为越来越重要的总产出指标。GNP 和 GDP 对大国而言相差不大。

1. GNP 与 GDP 的相同点

1）两者都是一年内（新）增加值之总和，而不是总产值。

2）是以市场价格而非以不变价格或计划价格计算的总产值。

3）只计算当年生产的产品。在拍卖古董的价值中，只有中介费计入。

4）只包括最终产品的价值，不包括中间产品的价值。

5）包含折旧。折旧所代表的物质不构成新产品的物质体，其所代表的价值是由劳动创造的。

6）是一定时期生产的产品，而不是出售的产品。往年生产当年出售的不计，本年生产未出售的也计入，看作企业自己把它买下，作为企业的存货投资。

7）仅指市场活动导致的价值。有些非市场活动的市场所创造的价值没有被统计在内，如家务劳动、DIY（do it yourself，自己动手做）活动、地下经济等。

8）反映福利水平变动存在较大局限性。例如，不能反映精神满足程度、闲暇福利、分配状态、环境质量的变动等。

2. GNP 与 GDP 的不同点

如何认识 GNP 与 GDP 的区别？

GNP 是本国要素生产的新价值，如应减去外国人在本国投资所获利润，增加本国输出到其他国家的劳务收入。GDP 以国境为统计标准，包括本国与外国公民在本国生产的最终产品的价格总和，但是不包括本国居民在外国领土上生产的产品。例如，包括外国人在我国投资所获利润，不包括我国输出到外国的劳务收入。

知识链接

净要素支付

净要素支付（net factor product，NFP）等于本国公民的国外收入减去外国公民在本国的收入。因此，GNP-GDP=NFP 及 GNP=GDP+NFP 为政府调节宏观经济提供了政策依据。

三、绿色 GDP

GDP 是反映经济发展的重要宏观经济指标，但没有反映经济发展对资源环境所产生的负面影响。绿色 GDP 是在 GDP 的基础上，把人类不合理利用自然资源与生态环境产生的资源消耗成本、环境退化成本和生态破坏成本进行扣减后的核算结果。

中国式现代化是人与自然和谐共生的现代化。推动经济社会发展绿色化、低碳化是实现高质量发展的关键环节，凸显了绿色发展的重要意义。绿色 GDP 是一个科学的、可持续发展的概念，但绿色 GDP 的核算却不是一件容易的事。目前世界上还没有一个国家能就全部资源耗减成本和全部环境损失代价计算出完整的绿色 GDP，其中很重要的原因就是很多资源耗减成本和环境损失很难估价。

可持续发展是经济、环境、社会三大系统的协调发展，绿色 GDP 只是在 GDP 的基础上考虑了环境因素，在某种程度上反映了经济与环境之间的相互作用，并没有考虑经济与社会、环境与社会之间的相互影响。

GDP 是指在一定时期内经济中所生产的全部最终产品和劳务的价值。GDP 作为政府对国家经济运行进行宏观计量与诊断的一项重要指标，曾被经济学大师约翰·梅纳德·凯恩斯（John Maynard Keynes）推崇有加，特别是在第二次世界大战后全球经济普遍复苏的背景下，GDP 逐渐演化成为衡量一个国家经济社会是否真正进步的最重要的指标。然而，20 世纪 60 年代之后，随着全球性的资源短缺、生态环境恶化等问题给人类带来空前的挑战，一些经济学家和有识之士开始意识到使用 GDP 来表达一个国家或地区经济与社会的增长与发展存在的明显缺陷。他们强烈呼吁改进国民经济核算体系（the system of national accounts，SNA），弥补以 GDP 为核心的国民经济核算方式的缺陷。特别是 1992 年"里约会议"之后，可持续发展观被世界各国政府广泛认同，人们已经普遍意识到需要对传统的国民经济核算体系进行修正，力图从传统意义上所统计的 GDP 中扣除不属于真正财富积累的虚假部分，从而再现一个真实的、可行的、科学的指标，即"真实GDP"，也就是我们所说的"绿色 GDP"，来衡量一个国家和区域的真实发展和进步，使其能更确切地说明增长与发展的数量表达和质量表达的对应关系。

从理论上来说，绿色 GDP=传统 GDP-自然部分的虚数-人文部分的虚数，从这一计算公式可以看出绿色 GDP 的先进之处。传统 GDP 只重视经济产值及其增长速度，而忽视资源基础和环境条件，造成人们单纯追求产值、相互攀比速度、不顾资源损耗及环境恶化的影响，最终结果将导致经济发展中的资源空心化现象，这是不可持续发展的。绿色 GDP 因为从 GDP 中扣除了环境方面的影响，因此能够更加准确地衡量一国财富的真实水平，对可持续发展战略的实施有非常重要的意义。

自国际上提出绿色 GDP 的概念以来，许多国家在研究绿色核算体系与核算方法及绿色核算体系构建方面取得了一定的进展，欧盟的少数国家已经初步建立了由绿色国民经济核算、环境会计和绿色审计构成的绿色核算体系，拓展了国民经济核算体系的功能。我国十六届三中全会明确提出，要"坚持以人为本，树立全面、协调、可持续的发展观，促进经济社会和人的全面发展"，决定把经济发展中的自然资源耗减成本和环境资源耗减成本纳入国民经济的核算体系。2020 年 12 月，生态环境部环境规划院发布了《绿色 GDP 核算技术指南（试用）》（以下简称《指南》）。《指南》规定了绿色 GDP 核算过程中的指标体系、核算方法、数据来源等内容，可供有关单位开展绿色 GDP 和经济生态生产总值（GEEP）核算研究时参考使用。《指南》的发布标志着我国绿色 GDP 处于从理论探讨为主迈向更加广泛应用的实践阶段，为定量反映经济发展过程中的资源消耗和环境代价，补充和扩展现有国民经济核算体系，保证环境经济核算过程中核算方法的科学性、规范和可操作性，提供了更加科学的标准和依据。

实行绿色 GDP 核算的实践难题是什么？

在实行绿色 GDP 核算的实践中，国内外都面临着诸多尚未解决的技术难题。例如，资源、环境的损耗与经济发展不同步，环境损耗的滞后性所带来的环境成本在时间和范围上难以准确界定的问题；资源环境如何纳入市场体系，即如何定价的问题；资源环境的产权明晰问题等。目前，尚无一个国家政府正式公布绿色 GDP 数据。综上所述，国内外对绿色 GDP 的研究与应用刚刚起步，基本处于研究和初步试验性的应用阶段。绿色 GDP 核算的实现任重而道远，诸多技术性的难题尚待研究与解决。

绿色 GDP 可以看作一种完善的衡量社会经济发展程度的指标。它的计算和体现需要会计这一"社会经济的总计量师"来发挥其举足轻重的作用。与此同时，绿色 GDP 使传统意义上的会计受到巨大的挑战，这时环境会计便应运而生。环境会计的核心是用会计来计量、反映和控制环境资源，目的在于改善整个社会的环境与资源问题。环境会计要解决的基本问题是自然资源的耗费应如何补偿，从而为整个国家的绿色 GDP 的核算提供数据资料。

知识链接

能 耗 指 标

能耗指标是指每万元 GDP 消耗多少标准煤。

我国 2006 年开始实施 GDP 能耗指标公报制度。

从 2006 年开始，每年 6 月底国家发展与改革委员会、国家能源办公室、国家统计局联合向社会公布上一年度GDP能耗情况，主要包括各地区万元GDP能耗、万元GDP能耗降低率、规模以上工业企业万元工业增加值能耗和万元GDP电力消费量指标4项内容。公布的GDP能耗指标以国家统计局核定的数据为准。

（资料来源：国家能源局，2011. 关于建立GDP能耗指标公报制度的通知[EB/OL]. （2011-08-18）[2020-10-11]. http://www.nea.gov.cn/2011/08/18/c_131057620.htm.）

四、国民收入

国民收入（NI）也是一个衡量产出的概念，是指一国生产要素所有者在一定时期内提供生产性要素所得的报酬，也就是劳动、资本、土地、管理等生产要素所获得的全部报酬，包括工资、利息、租金、利润。

国民收入=工资+利息+租金+利润

国民收入=NDP-企业转移支付-企业间接税

国民收入与GDP的最重要差别是什么？

国民收入与GDP的最重要差别有两点：一是不包含折旧（重置投资），二是不包括间接税如营业税等。

在国民收入基础上加进折旧和间接税得到GDP。

知识链接

个人收入与个人可支配收入

个人收入是指生产要素所有者在国民收入核算期间实际拿到手的收入，是个人从各种来源取得的实际收入的总和。

根据国民收入计算个人收入的基本原则是从国民收入中减去人们在现期生产中创造的，但是又没有被人们得到的收入，加上人们得到的那些不是在现期生产中创造出来的收入。

个人可支配收入又称税后收入。从个人收入中减去个人税收和非税支付，就可以得到个人可支配收入。

个人税收包括个人收入税、个人财产税、遗产税、赠与税等，非税支付包括罚金和馈赠等。

个人可支配收入=个人收入-个人税收-非税支付=个人支出+个人储蓄

基尼系数和恩格尔系数

基尼系数（Gini coefficient）是意大利经济学家科拉多·基尼（Corrado Gini）于1922年提出的，用于定量测定收入分配差异程度，是国际上用来综合考察居民内部收入分配差异状况的一个重要分析指标。在中国式现代化建设中，要着力促进全体人民共同富裕，坚决防止两极分化。基尼系数是可用来测度共同富裕的重要指标。

基尼系数的经济含义：在全部居民收入中，用于进行不平均分配的那部分收入占总收入的百分比。基尼系数最大为"1"，最小等于"0"，前者表示居民之间的收入分配绝对不平均，即 100%的收入被一个单位的人全部占有，而后者表示居民之间的收入分配绝对平均，即人与人之间的收入完全平等，没有任何差异。但这两种情况只是理论上的绝对化形式，在实际生活中一般不会出现。因此，基尼系数的实际数值只能为 0~1。

按照联合国有关组织规定，基尼系数可做如下几个阶段的划分。

1）低于 0.2 表示收入绝对平均。

2）0.2~0.3 表示比较平均。

3）0.3~0.4 表示相对合理。

4）0.4~0.5 表示收入差距较大。

5）0.6 以上表示收入差距悬殊。

经济学家通常用基尼系数来表现一个国家和地区的财富分配状况。数值越低，表明财富在社会成员之间的分配越均匀；反之，则分配越不均匀。

通常把 0.4 作为收入分配差距的警戒线。一般发达国家的基尼系数为 0.24~0.36，美国偏高，为 0.4。

恩格尔系数（收入中用于食品方面的支出比例）是衡量生活水平高低的一个指标，其计算公式为

$$恩格尔系数＝食物支出金额/总支出金额$$

除食物支出外，衣着、住房、日用必需品等的支出，也同样在不断增长的家庭收入（或总支出）中，所占比重上升一段时期后，呈递减趋势。

根据联合国粮食及农业组织提出的标准，恩格尔系数在 59%以上为贫困，50%~59%为温饱，40%~50%为小康，30%~40%为富裕，低于 30%为最富裕。

任务二　物价水平指标解读

核心指标

消费者价格指数（consumer price index，CPI）

生产者价格指数（producer price index，PPI）

小看板

CPI 数据

2022 年 1 月，各地区各部门持续做好春节前重要民生商品市场供应，居民消费价格总体平稳。

从环比看，CPI 由 2021 年 12 月下降 0.3%转为上涨 0.4%。其中，食品价格由上月下降 0.6%转为上涨 1.4%，影响 CPI 上涨约 0.26 个百分点。食品中，受节日因素影响，鲜果、水产品和鲜菜价格分别上涨 7.2%、4.1%和 3.1%；冬季腌腊基本结束，加

之节前生猪出栏加快，猪肉供应充足，价格下降 2.5%。非食品价格由 2021 年 12 月下降 0.2%转为上涨 0.2%，影响 CPI 上涨约 0.18 个百分点。非食品中，工业消费品价格由 2021 年 12 月下降 0.5%转为持平，其中受国际能源价格上涨影响，汽油、柴油和液化石油气价格分别上涨 2.2%、2.4%和 1.5%。服务价格由 2021 年 12 月持平转为上涨 0.3%，其中，节前出行有所增加，飞机票、交通工具租赁费和长途汽车价格分别上涨 12.4%、9.8%和 5.2%；受部分城市务工人员返乡及服务需求增加影响，家政服务、母婴护理服务和美发等价格均有所上涨，涨幅在 2.6%～9.1%。

从同比看，CPI 上涨 0.9%，涨幅比 2021 年 12 月回落 0.6 个百分点。其中，食品价格下降 3.8%，降幅比 2021 年 12 月扩大 2.6 个百分点，影响 CPI 下降约 0.72 个百分点。食品中，受 2021 年同期基数较高影响，猪肉价格下降 41.6%，降幅扩大 4.9 个百分点；鲜菜价格由 2021 年 12 月上涨 10.6%转为下降 4.1%；鲜果和水产品价格分别上涨 9.9%和 8.8%，涨幅均有扩大。非食品价格上涨 2.0%，涨幅比 2021 年 12 月回落 0.1 个百分点，影响 CPI 上涨约 1.64 个百分点。非食品中，工业消费品价格上涨 2.5%，涨幅回落 0.4 个百分点，其中汽油和柴油价格分别上涨 20.7%和 22.7%，涨幅均比 2021 年 12 月有所回落；服务价格上涨 1.7%，涨幅扩大 0.2 个百分点，其中飞机票和家庭服务价格分别上涨 20.8%和 6.2%，教育服务和医疗服务价格分别上涨 2.7%和 0.9%。

（资料来源：国家统计局，2022. 国家统计局城市司高级统计师董莉娟解读 2022 年 1 月份 CPI 和 PPI 数据[EB/OL].
（2022-02-16）[2022-03-01]. http://www.stats.gov.cn/xxgk/jd/sjjd2020/202202/t20220216_1827469.html.）

一、消费者价格指数

消费价格指数（CPI）是反映与居民生活有关的产品及劳务价格统计出来的物价变动指标，通常作为观察通货膨胀水平的重要指标。

如果 CPI 升幅过大，表明通货膨胀已经成为经济不稳定因素，中央银行会有紧缩货币政策和财政政策的风险，从而造成经济前景不明朗。因此，CPI 过高的升幅往往不被市场欢迎。例如，在过去 12 个月，CPI 上升 2.3%，表示生活成本比 12 个月前平均上升 2.3%。当生活成本提高，金钱的价值便随之下降。也就是说，一年前收到的一张 100 元纸币，今日只可以买到价值 97.70 元的货品及服务。一般来说，当 CPI 的增幅大于 3%时，称为通货膨胀（inflation）；而当 CPI 的增幅大于 5%时，称为严重的通货膨胀（serious inflation）。

（一）理解 CPI 指数

CPI 是　个滞后性的数据，但它往往是市场经济活动与政府货币政策的　个重要参考指标。CPI 稳定、就业充分及 GDP 增长往往是最重要的社会经济目标。不过，从中国的现实情况来看，CPI 的稳定及其重要性并不像发达国家所认为的那样，"有一定的权威性，市场的经济活动会根据 CPI 的变化来调整"。由于我国居民消费总额占 GDP 的比重较低，如根据国家统计局公布的 2020 年数据，居民消费支出约为 38.72 万亿元，占 GDP（约为 101.36 万亿元）的比例约为 38.2%，用 CPI 代表整体物价水平的变化可能存在一定的偏差。因此，如何理解 CPI 指数便成为一个十分重要的问题。

统计数据中的 CPI 为什么和我们的真实感受不一样？

中国的 CPI 包括食品烟酒、衣着、居住、生活用品及服务、交通通信、教育文化娱乐、医疗保健、其他用品及服务八类。2021 年，全国居民人均食品烟酒消费支出 7178 元，增长 12.2%，占人均消费支出的比例为 29.8%；人均衣着消费支出 1419 元，增长 14.6%，占人均消费支出的比例为 5.9%；人均居住消费支出 5641 元，增长 8.2%，占人均消费支出的比例为 23.4%；人均生活用品及服务消费支出 1423 元，增长 13.0%，占人均消费支出的比例为 5.9%；人均交通通信消费支出 3156 元，增长 14.3%，占人均消费支出的比例为 13.1%；人均教育文化娱乐消费支出 2599 元，增长 27.9%，占人均消费支出的比例为 10.8%；人均医疗保健消费支出 2115 元，增长 14.8%，占人均消费支出的比例为 8.8%；人均其他用品及服务消费支出 569 元，增长 23.2%，占人均消费支出的比例为 2.4%。但是，民众消费所占比重最大、价格上涨最厉害的消费支出项目并没有包括在 CPI 中，如民众教育消费、医疗保险、住房消费等。

（二）美国如何统计 CPI 及对我国的启示

CPI 是对一个固定的消费品篮子价格的衡量，主要反映消费者支付商品和劳务的价格变化情况，也是一种度量通货膨胀水平的工具，以百分比变化为表达形式。在美国构成该指标的主要商品共分八类，包括食品、酒和饮品，住宅，衣着，教育和通信，交通，医药健康，娱乐，其他商品及服务。在美国，消费者价格指数由劳工统计局每月公布，有两种不同的消费者价格指数：一是工人和职员的消费者价格指数，简称 CPI-W（CPI for workers and employees）；二是城市消费者的消费者价格指数，简称 CPI-U（CPI for urban consumers）。

CPI 十分重要，而且具有启示性，必须慎重把握，因为有时公布了该指标上升，货币汇率向好，有时则相反。因为消费者价格指数水平表明消费者的购买能力，也反映经济的景气状况，如果该指数下跌，反映经济衰退，必然对货币汇率走势不利。但如果消费者价格指数上升，汇率是否一定有利呢？不一定，须看 CPI "升幅" 如何。若该指数升幅温和，则表示经济稳定向上，当然对该国货币有利；但如果该指数升幅过大却有不良影响，因为消费者价格指数与购买能力成反比，物价越贵，货币的购买能力越低，必然对该国货币不利。若考虑对利率的影响，则该指标对外汇汇率的影响作用更加复杂。当一国的 CPI 上升时，表明该国的通货膨胀率上升，亦是货币的购买力减弱，按照购买力平价理论，该国的货币应走弱；相反，当一国的 CPI 下降时，表明该国的通货膨胀率下降，亦是货币的购买力上升，按照购买力平价理论，该国的货币应走强。但是由于各个国家均以控制通货膨胀为首要任务，通货膨胀上升同时亦带来利率上升的机会，因此，反而利好该货币。假如通货膨胀率受到控制而下跌，利率亦同时趋于回落，反而会利淡该地区的货币。降低通货膨胀率的政策会导致 "龙舌兰酒效应"，这是拉美国家常见的现象。

我们来看看美国的 CPI 是如何确立和表示的。美国国家统计局工作人员通过抽查相关企业、对零售商和其他商业机构进行电话采访，以此来收集商品和服务价格，并对相同组成的商品和服务进行月度分析，以获得对消费品价格变化的基本信息。为了减少统计中的噪声，美国还另外发布了一个核心消费物价指数，即扣除食品和能源等不稳定因素后的 CPI。

也就是说，CPI 的测量是随着时间变化的。CPI 包括的不同商品与服务零售价格分为八个主要类别。在计算 CPI 时，每个类别都有一个能够显示其重要性的权数。这些权数是通过调查成千上万个家庭和个人前两年购买消费品的比重来确定的。这些权数每两年要修正一次，以便保持消费者物价指数的权数与居民变化了的消费偏好相一致。

例如，根据 2020 年末的修订数据，美国住房价格的权重是 42.4%，交通价格的权重是 15.2%，食品价格的权重是 15.2%，医疗价格的权重是 8.9%，教育和通信价格的权重是 6.8%，娱乐价格的权重是 5.8%，其他商品及服务的权重是 3.2%，衣着的权重是 2.7%。从中可以看出，在美国居民居住类消费权重最大，超过四成；其次是交通运输、食品和饮料，这三者合计所占比例超过 70%。

可以看出，要提高 CPI 指数的科学性，需要在数据收集、数据制作、数据发表及数据修改等每个环节都做到透明公开，以数据的透明公开性保证其科学、规范及权威性。例如，CPI 权重的确定，不仅能够根据市场消费者消费模式的变化不断地进行调整与修订，而且每一次修订后的权重完全公开透明，从而使政府确立 CPI 能尽量反映居民消费模式的变化。

美国 CPI 指数的确立不仅是从千百万居民实际生活中抽象出来的，而且随时间的变化会不断调整 CPI。在美国，CPI 能不断反映居民消费生活的连续性，而且能反映居民消费生活的变化性。美国 CPI 权数两年就有一次大的修订，以此来真实反映居民消费模式的变化。

由于美国 CPI 的公开透明、与时俱进，它不仅能够反映居民实际生活的消费模式变化，也成为企业、经济分析员及研究者重要的参考依据。可以说，CPI 的任何变化都反映在市场变化的预期中。这样，不仅有利于企业及个人经济行为，也有利于政府决策。因此，我国政府职能部门在 CPI 确立上，应充分借鉴国际惯例，并根据我国的实际情况设计一套能反映我国居民消费行为的 CPI 指数，以便为企业、居民及政府提供好的经济信息与数据。

二、生产者价格指数

生产者价格指数（PPI）主要的目的在于衡量各种商品在不同的生产阶段的价格变化情形。一般而言，商品的生产分为三个阶段：一是完成阶段，商品至此不再有任何加工手续；二是中间阶段，商品尚需做进一步的加工；三是原始阶段，商品尚未做任何加工。

PPI 是衡量工业企业产品出厂价格变动趋势和变动程度的指数，是反映某一时期生产领域价格变动情况的重要经济指标，也是制定有关经济政策和国民经济核算的重要依据。

根据价格传导规律，PPI 对 CPI 有一定影响。PPI 反映生产环节的价格水平，CPI 反映消费环节的价格水平。整体价格水平的波动一般首先出现在生产领域，然后通过产业链向下游产业扩散，最后波及消费品。产业链可以分为两条：一条是以工业品为原材料的生产，存在原材料→生产资料→生活资料的传导；另一条是以农产品为原料的生产，存在农业生产资料→农产品→食品的传导。在中国，就以上两个传导路径来看，其发挥的作用在不同时期存在差异。例如，当煤炭、钢铁、铝等大宗商品价格上涨幅度较大时，第一条路径（即工业品向 CPI 的传导）比较显著；当粮食价格上涨幅度较大时，第二条路径（即农产品向食品的传导）较为充分。

由于 CPI 不仅包括消费品价格，还包括服务价格，CPI 与 PPI 在统计口径上并非严格的对应关系，因此，CPI 与 PPI 的变化出现不一致的情况是可能的。但 CPI 与 PPI 持续处于背离状态，就不符合价格传导规律了。价格传导出现断裂的主要原因在于工业品市场处于买方市场，以及政府对公共产品价格的人为控制。

在不同市场条件下，工业品价格向最终消费价格传导可能有两种情形：一是在卖方市场条件下，成本上涨引起的工业品价格（如电力、水、煤炭等能源、原材料价格）上涨最终会顺利传导到消费品价格上；二是在买方市场条件下，由于供大于求，工业品价格很难传递到消费品价格上，企业需要通过压缩利润对上涨的成本予以消化，其结果表现为中下游产品价格稳定，甚至可能继续走低，企业盈利减少。对于部分难以消化成本上涨的企业，可能会面临破产。可以顺利完成传导的工业品价格（主要是电力、煤炭、水等能源原材料价格）目前主要属于政府调价范围。在上游产品价格（PPI）持续走高的情况下，企业无法顺利把上游成本转嫁出去，从而使最终消费品价格（CPI）提高，最终会导致企业利润的减少。

（一）通货膨胀是否等同于物价上涨

通货膨胀一般是指因纸币发行量超过商品流通中的实际需要的货币量而引起的纸币贬值、物价上涨现象，其实质是社会总需求大于社会总供给。

通货膨胀在现代经济学中是指整体物价水平上升。一般性通货膨胀为货币的市值下降或购买力下降，而货币贬值为两经济体间的币值相对性降低。前者用于形容全国性的币值，而后者用于形容国际市场上的附加价值。两者之间的相关性为经济学上的争议之一。

纸币流通规律表明，纸币发行量不能超过它代表的金银货币量，一旦超过了这个量，纸币就要贬值，物价就要上涨，从而出现通货膨胀。通货膨胀只有在纸币流通的条件下才会出现，在金银货币流通的条件下不会出现此种现象。因为金银货币本身具有价值，作为贮藏手段的职能，可以自发地调节流通中的货币量，使它同商品流通所需要的货币量相适应。在纸币流通的条件下，因为纸币本身不具有价值，它只是代表金银货币的符号，不能作为贮藏手段，因此，纸币的发行量如果超过商品流通所需要的数量就会贬值。

例如，商品流通中所需要的金银货币量不变，而纸币发行量超过金银货币量的一倍，单位纸币就只能代表单位金银货币价值量的 1/2，在这种情况下，如果用纸币来计量物价，物价就上涨了一倍，这就是通常所说的货币贬值。此时，流通中的纸币量比流通中所需要的金银货币量增加了一倍，这就是通货膨胀。在宏观经济学中，通货膨胀主要是指价格和工资的普遍上涨。

通货膨胀之反义为通货紧缩。无通货膨胀或极低度通货膨胀称为稳定性物价。

（二）通货膨胀的测量因素

通货膨胀的测量由观察一经济体之中大量的劳务所得或物品价格的改变而得，通常是基于由政府收集的资料，而工会与商业杂志也做过这样的调查。物价与劳务所得两者共同组成物价指数，为整组物品的平均物价水准的测量基准。通货膨胀率为该项指数的上升幅度。物价水准测量整体物价，而通货膨胀是指整体物价的上扬幅度。

对通货膨胀没有单独性的确实量测法，因为通货膨胀值取决于物价指数中各特定物品之价格比重，以及受测经济区域的范围。通用的量测法包括以下几类指标。

1）生活指数（cost of living index，CLI）为个人生活所需费用的理论增幅，以 CLI 概估之。经济学家对特定的 CPI 值应估计为高于或低于 CLI 值有不同的看法。这是因为 CPI 值公认具有"偏向性"（bias）。CLI 可用"购买力平价"（purchasing power parity，PPP）来调整以反映区域性商品与世界物价的广泛差距。

2）CPI 测量由"典型消费者"所购物品的价格。在许多工业国家中，该指数的年度性变化百分比为最通用的通货膨胀曲线报告。该项测量值通常用于薪资报酬谈判，因为雇员希望名义薪资的涨幅能等于或高于 CPI。有时劳资合约中会包含按生活指数调整条款（cost of living escalators），表示名义薪资会随 CPI 的升高自动调整，其调整时机通常在通货膨胀发生之后，幅度较实际通货膨胀率低。

3）PPI 是指测量生产者收购物料的价格，和 CPI 与物价津贴、盈利与税负上有所不同，导致生产者的所得与消费者的付出产生差距。PPI 随着 CPI 的升高而上升，所以具有典型的延迟性。虽说 PPI 和 CPI 具有多样化的组合，但一般相信这种延迟的特性使根据今天的 PPI 通货膨胀粗略估计明天的 CPI 通货膨胀成为可能。

4）批发物价指数（wholesale price index）测量选择性货品批发价格的变化（特别是销售税），与 PPI 极为类似，是反映不同时期生产资料与消费资料批发价格（但不包括劳务价格）水平变动的指标。由于批发物价指数与产品出厂价格紧密相关，并且包括的商品范围较广，因此，这种指数最适合衡量通货膨胀。通货膨胀率的计算公式为

通货膨胀指数=(报告期批发物价指数/基期批发物价批发指数-1)×100%

5）商品价格指数（commodity price index）测量选择性商品售价的变化。若使用金本位制，则其所选择的商品为黄金。

6）GDP 平减指数为基于 GDP 的计算，是指名义 GDP 与经通货膨胀修正后的 GDP（不变价格 GDP 或实质 GDP）两者间所使用的金钱的比例，这是对价格水准最宏观的测量。GDP 平减指数也用来计算 GDP 的组成部分，如个人消费开支。美联储改用核心个人消费平减指数（personal consumption deflator）及其他平减指数作为制定反通货膨胀政策的参考。

因为每种测量法都基于其他测量法，并以固定模式结合在一起，经济学家经常争论在各测量法及通货膨胀模式中是否有偏差的存在。

现存的争论为是否应计入关于快乐论的调整部分，包含人们会在高物价的地区不可企及时搬迁到较低物价的地区。也有人认为，指数中的购屋部分极度低估了日常生活费用对房价的冲击，亦极度低估了医疗费用在退休者的日常费用中的重要性。

衡量通货膨胀的指标以批发物价指数、消费者价格指数和 GDP 折算数最为重要和常用，这三种物价指数都能反映基本一致的通货膨胀的程度。但由于各种指数所包括的范围不同，计算出的通货膨胀率的数值并不相同。例如，美国 1971～1980 年的平均通货膨胀率，按批发物价指数计算是 8.5%，按 CPI 计算是 7.9%，按 GNP 折算计算是 6.9%，在这三种指数中，CPI 与人民生产水平关系最为密切，因此，一般用 CPI 来衡量通货膨胀。

任务三　就业状况指标解读

核心指标

失业率
周期性失业
自然失业

小看板

我国的就业状况如何

国家统计局发布的《中华人民共和国 2021 年国民经济和社会发展统计公报》显示，2021 年末全国就业人员 74 652 万人，其中城镇就业人员 46 773 万人，占全国就业人员比例为 62.7%，比 2020 年末上升 1.1 个百分点。全年城镇新增就业 1269 万人，比 2020 年多增 83 万人。全年全国城镇调查失业率平均值为 5.1%。2021 年末全国城镇调查失业率为 5.1%，城镇登记失业率为 3.96%。全国农民工总量 29 251 万人，比 2020 年增长 2.4%。其中，外出农民工 17 172 万人，增长 1.3%；本地农民工 12 079 万人，增长 4.1%。

（资料来源：国家统计局，2022. 中华人民共和国 2021 年国民经济和社会发展统计公报[EB/OL].（2022-02-28）[2022-03-01]. http://www.stats.gov.cn/xxgk/sjfb/zxfb2020/202202/t20220228_1827971.html.）

一、失业率

失业率是指失业人口占劳动人口的比率（一定时期全部就业人口中有工作意愿而仍未有工作的劳动力数字），旨在衡量闲置中的劳动产能。在美国，失业率每月第一个周五公布。失业数据的月份变动可适当反映经济发展。大多数资料经过季节性调整。失业率被视为落后指标。

（一）理解失业率

失业的原因是什么？失业率如何反映经济状况？

通过失业率指标可以判断一定时期内全部劳动人口的就业情况。一直以来，失业率数据被视为一个反映整体经济状况的指标，而它又是每个月最先发表的经济数据，所以失业率指标被称为所有经济指标的"皇冠上的明珠"，它是市场上最为敏感的月度经济指标。如何解读该指标？一般情况下，失业率下降，代表整体经济健康发展，利于货币升值；失业率上升，代表经济发展放缓、衰退，不利于货币升值。若将失业率配以同期的通货膨胀指标来分析，则可知当时经济发展是否过热，是否会构成加息的压力，或是否需要通过减息以刺激经济的发展。

失业率数据的反面是就业数据，其中最有代表性的是非农业就业数据。非农业就业数据为失业数据中的一个项目，该项目主要统计从事农业生产以外的职位变化情形，它能反映制造行业和服务行业的发展及其增长，数据减少便代表企业减少生产，经济步入萧条。当社会经济发展较快时，消费自然随之增加，消费性及服务性行业的职位也就增多。当非农业就业数据大幅增加时，理论上对汇率应当有利；反之则相反。因此，失业率数据是观察社会经济和金融发展程度和状况的一项重要指标。

（二）造成失业的原因

造成失业的原因很多，因此失业的结构与变动情况是观察重点。失业可分为以下几种情形。

1. 摩擦性失业

摩擦性失业指人们在寻找工作或转换工作过程中的失业现象。增加职业训练计划与提高信息沟通（使失业者能确实掌握就业机会）可降低这方面的失业。

2. 结构性失业

结构性失业是指市场竞争的结果或者是生产技术改变而造成的失业。结构性失业通常较摩擦性失业持久，因为结构性失业常表示人员需要通过再训练或迁移才能找到工作。

3. 季节性失业

季节性失业是指由于某些部门的间歇性生产特征而造成的失业。有些部门对劳动力的需求随气候或季节的变动而波动，从而出现劳动力的闲置。例如，农业、营建业与旅游业特别容易受季节性因素影响。

4. 残余性失业

残余性失业是指因无就业能力而造成的失业。

5. 隐蔽性失业

隐蔽性失业是指一些人表面上有工作，实际上对生产并没有做出贡献，即有"职"无"工"。

想一想

造成失业的原因是什么？

二、如何促进就业

失业率通常由两部分构成，即自然失业率和周期性失业率。自然失业率主要包括结构性失业和摩擦性失业等，实际失业率围绕其波动。周期性失业率是指与短期经济波动相联系的失业，与经济增长反方向变动。当自然失业率大致稳定时，在周期性失业率的作用下，实际失业率与经济增长呈反向变化；但当自然失业率迅速上升时，难免会出现实际失业率与经济同步增长的现象。我国目前导致失业率的因素 2/3 以上是摩擦性和结构性的自然失业率，在现实生活中的突出表现就是"有人没活儿干、有活儿没人干"。当这些因素起主要作用时，即使经济增长的速度进一步提高，也未必能带来就业的增加。

因此，促进就业不能单纯依靠经济增长速度和固定资产投资，要开拓新路子，寻找有利于扩大就业的经济发展方式。当前重点是努力把经济发展的过程变成促进就业持续扩大的过程，把结构调整的过程变成对就业拉动能力不断提高的过程，把城乡二元结构转换的过程变成统筹城乡就业的过程。促进就业的措施包括优化产业结构，积极发展劳动密集型产业、第三产业；优化所有制结构，引导非公经济吸纳更多劳动力；优化企业结构，让小企业更好地生长，吸引劳动力，也让老百姓积极去创业；加强培训，提高劳动者的就业能力，畅通渠道，减少因为信息不畅而损失的就业机会。

失业与通货膨胀是现代市场经济中难以克制的两大顽症。从工业发达国家看，通货膨胀的出现一般基于两个方面的根源：一是需求冲击，说明通货膨胀是由货币过度扩张或财政过度扩张而导致的结果；二是供给冲击，指相对价格发生大幅度变动的外生事件。相对价格的变动最初表现为某些价格的实际上升并带动其他价格的轮番上涨，而且带动工资上升以维持原有的实际购买力；而工资的提高又会推动价格的进一步上涨，这又会导致工资的新一轮上涨。西方经济学家对供给冲击型通货膨胀提出了解决办法：提高货币工资以阻止相对价格变动，使购买力与价格变动相一致；提高失业率以缩减经济规模和降低就业水平。实施的结果会出现滞胀，即失业与通货膨胀并存。此外，如果要维持就业稳定，就只能加速通货膨胀，这将会造成恶性循环。

三、周期性失业与自然失业

就业水平取决于国民收入水平，而国民收入水平又取决于总需求，周期性失业是由于总需求不足而引起的失业，一般出现在经济周期的萧条阶段。

消灭了周期性失业时的就业状态就是充分就业，实现了充分就业时的失业率称为自然失业率，为摩擦性失业率及结构性失业率加总之和。由于人口结构的变化、技术的进步、人们的消费偏好改变等因素，社会总会存在摩擦性失业和结构性失业。就长期而言，景气循环（business cycle）带来的失业情形常会消弭无踪，社会只留下自然失业现象。自然的定义并不明确，没有人能明确地指出社会的自然失业率是多少，它会随着人口结构的变化、技术进步、产业升级而变化。

指标解释

- GDP：国内生产总值，是指一年内在本国领土上生产的最终产品（含服务）的市场价值总和。
- 支出法：从最终产品的使用的角度出发，把一年内购买的各项最终产品支出加总，计算该年内生产的产品和劳务的市场价值。
- GNP：国民生产总值，是一国居民在一定时期内所拥有的投入要素所生产的最终产品的总值。
- 绿色GDP：绿色国内生产总值，就是在GDP的基础上，扣除经济发展所引起的资源耗减成本和环境损失的代价。
- NI：国民收入，指一国生产要素在一定时期内提供生产要素所得的报酬。
- 基尼系数：国际上综合考察居民内部收入分配差异状况的一个重要分析指标。
- 恩格尔系数：收入中用于食品方面的支出比例。
- CPI：消费者价格指数，是反映与居民生活有关的产品及劳务价格统计出来的物价变动指标，通常作为观察通货膨胀水平的重要指标。
- 通货膨胀：一般指因纸币发行量超过商品流通中的实际需要的货币量而引起的纸币贬值、物价上涨现象。
- 失业率：失业人口占劳动人口的比率（一定时期全部就业人口中有工作意愿而仍未有工作的劳动力数字），旨在衡量闲置中的劳动产能。

核心指标解读要点

- 计算GDP的支出法包括什么内容？
- 如何理解GDP平减指数？
- 如何认识GNP与GDP的区别？
- 实行绿色GDP核算的实践难题是什么？
- 国民收入与GDP的最重要差别是什么？
- 如何认识我国的基尼系数和恩格尔系数？
- 如何解读我国的CPI数据？

- 通货膨胀的测量因素有哪些？
- 如何认识我国的失业问题？

【在线学习】

访问国家统计局网站 http://www.stats.gov.cn/，进入"统计数据"栏目，浏览 GDP 等国民经济主要数据及其变化，了解国民经济主要指标的权威发布的时间安排。

项目二　货币市场指标解读

📝 学习目标

1. 知识目标

1）掌握货币层次划分。
2）熟悉利率水平的影响因素。
3）了解金融安全的重要意义。

2. 能力目标

1）能分析利率变化对经济金融的影响。
2）能解释货币供给变化的一般机理。

✅ 情境导入

一次，小金从 ATM（automated teller machine，自动柜员机）取钱，看到一叠崭新的钞票，他想：这钱究竟是从哪里来的？当然是从银行来的。那么银行的钱又是从哪里来的？印钞厂？关键是，印多少钞票是谁决定的？印多少钞票合适？是不是越多越好？这些钱是通过什么渠道流通到市场上的？

思考：你有过和小金一样的疑惑吗？你认为钱越多越好吗？

任务一　货币供给指标解读

核心指标

M0、M1、M2
基础货币
货币乘数
存款准备金率
再贴现率
公开市场业务

小看板

我国货币供应量

中国人民银行发布数据，截至 2021 年 12 月末，广义货币（M2）余额 238.29 万亿元，同比增长 9%，增速比 11 月末高 0.5 个百分点，比 2020 年同期低 1.1 个百分点；狭义货币（M1）余额 64.74 万亿元，同比增长 3.5%，增速比 11 月末高 0.5 个百分点，比 2020 年同期低 5.1 个百分点；流通中货币（M0）余额 9.08 万亿元，同比增长 7.7%。全年净投放现金 6510 亿元。

（资料来源：佚名，2022. 中国人民银行：2021 年 12 月末 M2 余额 238.29 万亿元，同比增长 9%[EB/OL].（2022-01-12）[2022-03-01]. https://news.cctv.com/2022/01/12/ARTIoD3Lrl039TSsN077GN5n220112.shtml.）

广义货币供应量 M2、狭义货币供应量 M1 及流通中的货币 M0 分别是什么含义？

货币供应量通常是指一定时点上一国经济中的货币存量的总额，由货币性资产组成。

小贴士

余额、存量与流量

存量是指某一时点上某种经济变量的数值，许多场合可以用"余额"表示，如 2020 年 12 月，某银行的金库中存有 100 万元。与存量相对的是流量。流量是指一定时期内发生的某种经济变量变动的数值。例如，2020 年 12 月 30 日，某银行一共支取 500 万元，又存入 510 万元，那么，这一天的流量是增加 10 万元。如果前一天的余额是 100 万元，那么这一天结束，余额就变为 100+10=110（万元）。

一、我国的货币层次划分

虽然现金货币、存款货币和各种有价证券均属于"货币"，随时都可以转化为现实的购买力，但是它们的流动性不同。现金和活期存款是直接的购买手段和支付手段，随时可形成现实的购买力，流动性最强，而储蓄存款一般需转化为现金才能用于购买；定期存款到期才能用于支付，如果要提前支付，则要蒙受一定的利息损失，因此流动性较差；票据、债券、股票等有价证券，要转化为现实购买力，必须在金融市场上出售之后，还原为现金或活期存款。

各种货币转化为现实购买力的能力不同，因此对商品流通和经济活动的影响不同。因此，有必要把这些货币形式进行科学的分类，以便中央银行分层次区别对待，提高宏观调控的计划性和科学性。中央银行通常把流动性原则作为划分货币层次的主要依据。

这里的流动性是指某种金融资产转化为现金或现实购买力的能力。流动性强的金融资产价格稳定、还原性强，可随时在金融市场上转让、出售。

议一议

谈一谈你对"流动性"的认识。

我国从 1990 年起开始编制货币供应量统计口径，从 1994 年 10 月开始由中国人民银行向社会定期公布货币供应量统计数据。此后，中国人民银行分别在 2001 年、2002 年、2011 年、2018 年对货币供应量的统计范围进行了修订。在这四次修订中，中国人民银行均扩大了原有的货币统计范围。根据 2018 年 1 月最新修订的统计口径，中国目前的货币供应量分为三个层次，见图 2.1。

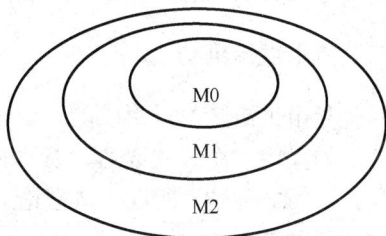

图 2.1　货币分层

第一层次为流通中的货币，用符号 M0 表示；第二层次为狭义货币，用符号 M1 表示；第三层次为广义货币，用符号 M2 表示。用公式表达为

$$M0=流通中的货币$$
$$M1=M0+可开支票进行支付的单位活期存款$$
$$M2=M1+居民储蓄存款+单位定期存款+单位其他存款+证券公司客户保证金$$
$$+外资、合资金融机构的人民币存款业务+非存款类机构持有的货基份额$$

知识链接

货币层次的不同划分

各个国家的信用化程度不同，金融资产的种类也不尽相同。因此，各个国家把货币划分为几个层次，每个层次的货币内容都不完全一样。有代表性的是国际货币基金组织

（International Monetary Fund，IMF）的划分。

IMF 一般把货币划分为如下三个层次：

M0=流通于银行体系之外的现金

M1=M0+活期存款（包括邮政汇划制度或国库接受的私人活期存款）

M2=M1+储蓄存款+定期存款+政府债券（包括国库券）

小看板

货币如何"投放"

截至 2019 年 12 月末，本外币贷款余额 158.6 万亿元，同比增长 11.9%。人民币贷款余额 153.11 万亿元，同比增长 12.3%。本外币存款余额 198.16 万亿元，同比增长 8.6%，人民币存款余额 192.88 万亿元，同比增长 8.7%。全年人民币存款增加 15.36 万亿元，同比多增 1.96 万亿元。

（资料来源：新华社，2020. 2019 年人民币贷款增 16.81 万亿元[EB/OL].（2020-01-16）
[2020-01-25]. http://www.gov.cn/xinwen/2020-01/16/content_5469757.htm.）

货币供给是指货币供给主体向社会公众供给货币的经济行为。货币供应量是从静态角度分析。从动态角度分析，就是"货币供给"。

二、货币供给机制

货币供给是怎样形成的？原理是什么？如何调控货币供给呢？

如果用一个公式表达，货币供应量（Ms）等于基础货币（B）与货币乘数（m）之积，即 Ms=$m×B$。所以，从理论上说，只要能控制基础货币与货币乘数，就能有效地调控货币供应量。

（一）基础货币投放

基础货币（B）是指现金（C）加商业银行在中央银行的存款准备金（R），即 $B=C+R$。存款准备金是指金融机构为保证客户提取存款和资金清算需要而准备的在中央银行的存款。R 包括活期存款准备金 Rr、定期存款准备金 Rt 及超额准备金 Re。全部基础货币可表示为

$$B=C+Rr+Rt+Re$$

中央银行投放基础货币的渠道有哪些呢？它们又是如何影响基础货币数量的呢？基础货币的构成虽然比较复杂，但都可以由中央银行直接控制。

中央银行投放基础货币的渠道主要有以下三条。

1）对商业银行等金融机构的再贷款。

2）对政府部门（财政部）的贷款。

3）收购黄金、外汇等储备资产。

与中央银行投放基础货币的渠道相对应，影响基础货币量的主要因素有三个方面。

1）中国人民银行再贷款净额或各金融机构存款净值。若净额为正，则基础货币供应量增加；若净额为负，则基础货币供应量减少。

2）财政净赤字或净结余。若出现财政赤字，则基础货币供应量增加；若财政结余，则基础货币供应量减少。

3）黄金、外汇等国际储备的增加或减少。若国际储备增加，则基础货币供应量增加；若国际储备减少，则基础货币供应量减少。

（二）黄金、外汇储备与货币供应量

国际储备主要包括黄金、外汇储备。

黄金、外汇储备是中央银行投放基础货币的主要渠道之一。在一定时期内，黄金收购量大于销售量，黄金储备增加，中央银行投入的基础货币增加；相反，黄金销售量大于收购量，黄金储备减少，中央银行收回基础货币，使货币供应量减少。外汇储备主要取决于一个国家的国际收支状况。一个国家在一定时期内，国际收支如果是顺差，则增加外汇储备，中央银行增加基础货币投放，货币供应量扩张；反之，国际收支如果是逆差，则减少外汇储备，中央银行收回基础货币，货币供应量缩减。

除黄金、外汇储备量影响货币供应量外，金价、汇价的变动对货币供应量也有较大影响。如果金价提高，汇价上升，中央银行收购黄金外汇就要相应多投放一些基础货币；相反，金价和汇价下跌，中央银行收购黄金外汇就会少投放一些基础货币。

我国外汇储备增加如何影响货币供应量？

（三）货币乘数

如果中央银行能够有效控制基础货币 B 的投放量，那么控制货币供应量的关键在于中央银行能否准确地测定和调控货币乘数。

货币乘数 m 是货币供应量 Ms 同基础货币 B 的比率（ $m = \dfrac{Ms}{B}$ ），也就是每一基础货币的变动所引起的货币供应量的增加或减少的倍数。

三、货币政策

（一）货币政策"三大法宝"

除了调节对商业银行再贷款规模、对政府部门贷款规模及收购储备或出售储备资产等方式，中央银行还可以通过实行货币政策的调控方式影响货币供应量。

货币政策是指中央银行为实现既定的经济目标（稳定物价、促进经济增长、实现充分就业和平衡国际收支），运用各种工具调节货币供给和利率，进而影响宏观经济的方针和措施的总和。

中央银行可以运用存款准备金率、再贴现率、公开市场业务、基准利率、信贷政策和汇率政策等多种货币政策工具，调节货币供求，以实现宏观经济调控目标。其中，调整存款准备金率、调整再贴现率及公开市场业务是中央银行最有效、最常用的货币政策手段，被称为货币政策的"三大法宝"。

小贴士

货 币 政 策

谈到货币政策，可能说起来比较抽象。通俗地说，我们可以这样问：中央银行究竟是怎样打开货币供给的"水龙头"，把钱放出来，又通过什么去拧紧货币的"水龙头"，把钱抽走的？

1. 调整存款准备金率

存款准备金率是指中央银行要求的商业银行存款准备金占其存款总额的比例。

存款准备金政策是指商业银行必须按照中国人民银行规定的比率将存款的一部分放入中国人民银行指定的账户中，剩余的存款才能用于发放贷款。

例如，某个银行如果吸收了 100 万元存款，它要按照 7.5% 的比率将 7.5 万元存在中央银行，那么它最多只能向客户贷款 92.5（100-100×7.5%）万元。7.5% 这个比率就是存款准备金率。中国人民银行就是通过调整存款准备金率来控制商业银行的放款能力，并调控货币供应量。

调整存款准备金率时如何影响货币供应量呢？

我能我会

当存款准备金率向下调整时，就是把货币供给的"水龙头"打开了，商业银行可以贷出的钱增加，货币供应量增加。反之，当存款准备金率向上调整时，就是拧紧了货币供给的"水龙头"，商业银行可以贷出的钱减少，货币供应量减少。

例如，中国人民银行想把存款准备金率从 5% 提高到 6% 的时候，以前 1 亿元的人民币存款，按照存款准备金率，上缴 500 万元的存款准备金，可以贷出 9500 万元，而现在提高存款准备金率到 6%，这 1 亿元只能贷出 9400 万元。这时银行要收回多贷出去的 1%，也就是 100 万元。银行要从企业中把钱尽快收回，而且必须将钱交给中央银行，而一系列的追讨资金的行为就会发生。这样，流通在社会上的货币就少了。

注意风险

提高存款准备金率这个手段不经常使用，因为通常认为，这是非常强烈的手段，是一剂"猛药"。通常单次存款准备金变动幅度为 0.5～1 个百分点。

算一算

2020 年年末，全部金融机构本、外币各项存款余额约 220 万亿元，如果提高存款准备金率 0.5 个百分点，中央银行将收回多少资金？

2. 调整再贴现率

货币政策的第二大法宝是再贴现率。中央银行是各商业银行的银行，它保管各商业银行的法定准备金，也贷款给这些商业银行。

商业银行在票据未到期以前将票据卖给中央银行，得到中央银行的贷款，称为再贴现。

再贴现率就是中央银行在对商业银行办理贴现贷款中所收取的利息率。

小贴士

再贴现是相对于贴现而言的。贴现是指持票人以没有到期的票据向银行要求兑现。银行将利息先行扣除，所使用的利率称为贴现率。

再贴现意味着中央银行向商业银行贷款，从而增加货币投放，直接增加货币供应量。再贴现率的高低不仅直接决定再贴现额的高低，而且会间接影响商业银行的再贴现需求，从而整体影响再贴现规模。这是因为，一方面，再贴现率的高低直接决定再贴现成本，再贴现率提高，导致再贴现成本增加，自然影响再贴现需求，反之亦然；另一方面，再贴现率变动，在一定程度上反映了中央银行的政策意向，因此具有一种告示作用：提高再贴现率，呈现紧缩意向，反之，呈现扩张意向，这对短期市场利率具有较强的导向作用。

我能我会

调整再贴现率如何影响货币供应量？

如果经济出现需求过度、通货膨胀，就调高再贴现率，再贴现规模减小，货币供应量减少。

如果经济出现需求乏弱、生产下降，就降低再贴现率，再贴现规模增加，货币供应量增加。

再贴现率具有调节灵活的优点，但也不宜频繁变动，否则给人以政策意向不明确印象，使商业银行无所适从。此外，再贴现率的调节空间有限，且贴现行为的主动权掌握在商业银行手中，如果商业银行出于其他原因对再贴现率缺乏敏感性，再贴现率的调节作用将大打折扣，甚至失效。

小贴士

再贷款利率

假如一个人手中有一张 5000 元的国债，还没有到期，但是他现在急需要一笔钱，于是他把这张国债拿到银行去换成现金。这时，银行不会把他买的债券的利息如数给他，银行要收一些手续费。商业银行收了这张票之后，如果不需要钱，就可以放在手里，等到期时卖出债券，赚取债息；如果也急需现金，就可以把这张债券送到中央银行进行贴现贷款，中央银行收下这张票据后，根据中央银行规定的贴现率放款给该商业银行，这个贴现率在我国称为再贷款利率。

注意风险

　　中央银行提高贴现率，商业银行贷款会变困难，企业贷款会变困难，经济运转速度会减慢，经济规模会缩小，它也是一个比较强硬的手段，所以中央银行不能经常调整贴现率。

　　3. 公开市场业务

　　货币政策的第三大法宝是公开市场业务，是指中央银行在公开市场上进行操作，买进或卖出债券。

　　进行公开市场业务如何影响货币供应量？

　　如果中央银行发现经济增长放缓甚至出现衰退，就在公开市场上买进债券。因为当经济出现衰退的时候，市场需要现金。中央银行买进债券，它收回的是大家手中的债券，放出去的是现金，这就增加了货币供应量。这样一来，中央银行就打开了货币供给的"水龙头"。反之，中央银行卖出债券，收回现金，减少货币供应量。

　　中央银行进行这样的公开市场操作，可以相对频繁地进行，对经济进行微调，针对市场资金多余和短缺的具体时间和领域进行操作，它不会像变动存款准备金率和贴现率那样牵一发而动全身，所以货币政策的这个手段是中央银行最经常用的。

　　总之，当我们看到一个国家的中央银行在变动存款准备金率和贴现率时，就知道该国经济发生或将要发生重大变化，当我们看到这些信息的时候，就应该明白会发生什么及应该做什么应对的准备。

议一议

　　货币政策的"三大法宝"各有什么特征？对货币供应量各有什么影响？分别适合在什么场合使用？

知识链接

货币政策有何经济影响？

　　货币供应量与经济金融的关系十分复杂，比较有代表性的观点是货币数量论。

　　货币数量论认为，在其他条件不变的情况下，物价水平的高低和货币价值的大小由一国的货币数量所决定。货币数量增加，物价随之正比上涨，而货币价值随之反比下降；反之则相反。

　　1911年，欧文·费希尔（Irving Fisher）提出现金交易方程式。其中指出，在商品交易中，买者支出的货币总额总是等于卖者收入的货币总额，如以 M 代表货币供应量，以 V 代表货币流通速度，以 P 代表物价水平，以 T 代表社会交易量，则

$$MV=PT$$

小贴士

通 货 膨 胀

货币供给过多就会引起国内物价的普遍上涨，这说明通货膨胀现象出现。

假设本来市场上总共有两种商品：100千克大豆，每千克1元；100千克小麦，每千克2元。

根据货币数量论公式 $PT=MV$，V 在短期内是常数，$PT=100\times1+100\times2=300$，所以市场上需求的货币是300元。

如果中央银行增发100元货币会怎么样呢？因为 T 在短期内不可能突然大增，所以必然会引起价格上升，现在的100元就买不到100千克大豆了，即钱的购买力下降了。如果这种现象持续，就产生通货膨胀。

议一议

货币供应增加是否必然会引起通货膨胀？

（二）货币政策的选择

由上面的分析，我们知道货币政策是由中央银行管理一国货币供给，以保证信贷的供应在数量和利率方面与国家的特定目标相适应的一种经济杠杆。货币政策是国家实施宏观调控的重要经济政策之一，它和财政政策、税收政策等密切配合，可以调节一个国家的经济发展。

世界各国制定和实施货币政策的主体是中央银行。中央银行主要根据当时的经济状况及国家所要实现的整个经济政策目标而制定适当的政策。

如何在不同的经济状况下，选择货币政策调节宏观经济呢？

在实际工作中，货币政策的运用可分为紧缩性的货币政策和扩张性的货币政策。

在通货膨胀时期通常实行紧缩性的货币政策，如直接减少货币供给量，或者提高中央银行的储备金率和提高对商业银行票据的再贴现率。后两者的运用也能达到减少货币供给量的目的，起到紧缩作用。

在经济萎缩的年份，可以运用扩张性的货币政策，如直接扩大货币供给量，或者降低中央银行的储备金率或贴现率，其结果都会扩大货币供给量，刺激经济回升。

知识链接

货币政策操作

下面以美国联邦基金市场为例来说明货币政策的操作。

（1）联邦基金

联邦基金是指存款机构在联邦储备系统的准备金账户上的无息存款总余额。

（2）联邦基金市场

联邦基金市场是指银行和其他金融机构之间调剂准备金头寸而形成的市场，即美国的同业拆借市场。

（3）联邦基金利率

联邦基金利率就是联邦基金市场上的资金拆借利率。联邦基金利率成为美国货币市场上所有其他利率的基准利率，联邦储备系统正式通过改变准备金供给量来影响联邦基金利率，进而控制货币供给量并最终实现货币政策目标。

操作目标的选择如下。

1）以非借入准备金作为操作目标，联邦储备系统购买或出售政府债券，以使非借入准备金保持在合理的范围内。

2）在借入准备金作为操作目标下，联邦储备系统致力于提供与借入准备金目标相适应的非借入准备金的数量。

3）在联邦基金利率的目标下，联邦储备系统致力于提供适当的非借入准备金以使联邦基金利率保持在合理的范围内。

操作程序如下。

从 1992 年年末开始，联邦储备系统重新使用联邦基金利率指标作为操作目标，具体操作程序：首先，联邦公开市场委员会（The Federal Open Market Committee，FOMC）召开公开市场会议，确定联邦基金利率的调控目标，以及公开市场操作的总体指导原则；其次，纽约联邦储备系统银行公开市场操作时根据准备金需求的估测方法，对准备金需求进行预测，根据预测结果确定非借入准备金的操作量及公开市场操作方案；最后，经过相关人员讨论并通过之后进入实际操作状态。

任务二　利率水平指标解读

✍ 核心指标

利率

基准利率

伦敦银行同业拆放利率（London interbank offered rate，LIBOR）

上海银行间同业拆放利率（Shanghai interbank offered rate，SHIBOR）

回购利率

贴现率

贷款基础利率（Loan prime rate，LPR）

小看板

LPR

2020 年 11 月 20 日，中国人民银行公布 LPR 利率如下：一年期 LPR 利率为 3.85%、五年期 LPR 利率为 4.65%；数据显示，11 月份 LPR 利率与 10 月份 LPR 利率持平。

（资料来源：货币政策司，2020. 2020 年 11 月 20 日全国银行间同业拆借中心受权公布贷款市场报价利率（LPR）公告[EB/OL].（2020-11-20）[2020-11-25]. http://www.pbc.gov.cn/zhengcehuobisi/125207/125213/125440/3876551/4130813/index.html.）

一、利率概述

什么是利率？有哪些不同种类的利率？什么是利率政策？利率政策的目的是什么？利率与经济生活又有什么关系？下面我们就来一一解开这些疑问。

利率又称利息率，表示一定时期内利息量与本金的比率，通常用百分比表示，按年计算则称为年利率。利率的计算公式为

$$利率＝利息量/本金×100\%$$

有哪些因素会影响利率的高低呢？

利率的高低决定着一定数量的借贷资本在一定时期内获得利息的多少。

影响利率的因素主要包括经济运行周期、通货膨胀率及预期通货膨胀率、借贷风险等经济因素，以及货币政策、财政政策和汇率政策等政策因素。此外，还有承诺交付货币的时间长度及所承担风险的程度。

各种利率是按不同的划分法和角度来分类的，以便更清楚地表明不同种类利率的特征。现将划分标准与其对应类别列于表 2.1 中。

表 2.1　不同利率的划分

划分标准	类别
计算利率的期限单位	年利率、月利率与日利率
决定方式	政策利率与市场利率
借贷期内是否浮动	固定利率与浮动利率
地位	基准利率与一般利率
信用行为的期限长短	长期利率和短期利率
真实水平	名义利率与实际利率
借贷主体不同	中央银行利率（再贴现、再贷款利率等）、商业银行利率（存款利率、贷款利率、贴现率等）、非银行利率（债券利率等）
是否具备优惠性质	一般利率和优惠利率

利率体系是指一个国家在一定时期内各种利率按一定规则构成的复杂系统。

一个国家、一个经济体系不会只有一个利率，会包括许多种利率，各种利率之间及内部都有相应的联系，共同构成一个有机整体，从而形成一国的利率体系。

一般来说，利率体系包括以下内容。

1）中央银行贴现率和商业银行存贷率。中央银行贴现率是中央银行对商业银行和

其他金融机构短期融通资金的基准利率；商业银行存贷率又叫市场利率，是商业银行和其他金融机构（证券公司、信用社等）吸收存款和发放存款所使用的利率（证券公司可吸收存款但不发放贷款）。

2）拆借利率与国债利率。拆借利率是银行及金融机构之间的短期资金借贷利率，国债利率是 1 年期以上的政府债券利率。

利率的各种分类之间是相互交叉的。例如，3 年期的居民储蓄存款利率为 4.95%，这一利率既是年利率，又是固定利率、一般利率、长期利率与名义利率。

通常，我国按照利率的决定方式把利率分为政策利率和市场利率。政策利率包括一年期的存贷款利率（我国的基准利率）、短期政策利率［如 SLF（standing lending facility，常备借贷便利）、TLF（temporary liquidity facility，临时流动性便利）］、中长期政策利率［如 MLF（medium-term lending facility，中期借贷便利）、PSL（pledged supplementary lending，抵押补充贷款）］等。市场利率包括货币市场利率（如 SHIBOR）、存贷款利率（如 LPR）等。

二、基准利率

基准利率是在整个利率体系中起核心作用并能制约其他利率的基本利率。

1. 基准利率概述

基准利率是金融市场上具有普遍参照作用的利率，其他利率水平或金融资产价格均可根据这一基准利率水平来确定。基准利率是利率市场化的重要前提之一，在利率市场化条件下，融资者衡量融资成本，投资者计算投资收益，以及管理层对宏观经济的调控，客观上都要求有一个普遍公认的基准利率水平作为参考。因此，从某种意义上讲，基准利率是利率市场化机制形成的核心。

知识链接

基 准 利 率

市场经济国家一般以中央银行的再贴现率为基准利率。我国的基准利率是中国人民银行对国家专业银行和其他金融机构规定的存贷款利率。

另外，在我国的利率政策中，1 年期的存贷款利率具有基准利率的作用，其他存贷款利率在此基础上经过复利计算确定。西方国家商业银行的优惠利率也具有基准利率的作用。市场利率的形成及其变动都参照此利率水平及变化趋势。

基准利率必须具备以下几个基本特征。

1）市场化。基准利率必须由市场供求关系决定，不仅要反映实际市场供求状况，还要反映市场对未来的预期。

2）基础性。基准利率在利率体系、金融产品价格体系中处于基础性地位，它与其他金融市场的利率或金融资产的价格具有较强的关联性。

3）传递性。基准利率所反映的市场信号，或者中央银行通过基准利率所发出的调控信号，能有效地传递到其他金融市场和金融产品价格上。

部分国家（地区）的基准利率见表 2.2。

表 2.2　部分国家（地区）的基准利率

国家（地区）	基准利率	国家（地区）	基准利率
美国	联邦基金利率	瑞士	利率目标区间
加拿大	隔夜拆款利率	澳大利亚	指标利率
日本	贴现率	新西兰	官方指标利率
欧元区	指标回购利率	韩国	隔拆利率目标
英国	回购利率	中国	金融机构一年期存款利率、一年期贷款利率

2. 联邦基金利率

联邦基金利率是美国同业拆借市场的利率，以日拆为主，利率水平由市场资金供求决定，变动十分频繁。联邦基金利率比较低，通常低于官方贴现率。这种低利率和高效率（当日资金和无须担保）使联邦基金的交易量相当大，联邦基金利率也就成为美国金融市场上最重要的短期利率。联邦基金的日拆利率具有代表性，是官方贴现率和商业银行优惠利率的重要参数。

联邦基金利率是反映货币市场银根松紧最为敏感的指示器。从 20 世纪 50 年代开始，联邦基金利率逐步成为美国货币政策的短期目标，美联储通过公开市场业务调整联邦基金利率，直至预定的目标。20 世纪 60 年代后期，货币当局的注意力转向货币总量和信贷总额的控制，联邦基金利率不再是货币政策的目标，而成为控制货币总量目标的手段。联邦基金利率战略是指当货币总量和信贷总额超出或不足以预定水平时，即调高或压低联邦基金利率，以抽紧或放松银根。

美联储瞄准并调节同业拆借利率就能直接影响商业银行的资金成本，并且将同业拆借市场的资金余缺传递给工商企业，进而影响消费、投资和国民经济。

美联储是如何决定整个市场的联邦基金利率的作用机制的呢？

美联储降低其拆借利率，商业银行之间的拆借就会转向商业银行与美联储之间，因为向美联储拆借的成本低，整个市场的拆借利率将随之下降。如果美联储提高拆借利率，在市场资金比较短缺的情况下，联邦基金利率本身就承受上升的压力，所以它必然随着美联储的拆借利率一起上升。

在市场资金比较宽松的情况下，美联储提高拆借利率，向美联储拆借的商业银行就会转向其他商业银行。但是，美联储可以在公开市场上抛出国债，吸纳商业银行过剩的超额准备，造成同业拆借市场的资金紧张，迫使联邦基金利率与美联储的拆借利率同步上升。因为，美联储有这样干预市场利率的能力，其反复多次的操作，就会形成合理的市场预期，只要美联储提高自己的拆借利率，整个市场就会闻风而动，进而美联储就能够直接宣布联邦基金利率的变动。

知识链接

美 联 储

美联储负责履行美国的中央银行的职责，主要由位于华盛顿特区的中央管理委员会、12家分布在全国主要城市的地区性的联邦储备银行及隶属的联邦公开市场委员会等专门机构组成。

美联储的主要职责有以下几点。

1）制定并负责实施有关的货币政策。

2）对银行机构实行监管，并保护消费者合法的信贷权利。

3）维持金融系统的稳定。

4）向美国政府、公众、金融机构、外国机构等提供可靠的金融服务。

美联储的主要任务如下。

1）管理及规范银行业。

2）通过买入及售出美国国债来执行货币政策。

3）维持一个坚挺的支付系统。

美联储的组织构成如下。

（1）联邦储备委员会

美联储的核心机构是联邦储备委员会（Federal Reserve Board）。该委员会由7名成员组成（其中主席和副主席各1名，委员5名），须由美国总统提名，经美国国会上院之参议院批准方可上任，任期为14年（主席和副主席任期为4年，可连任）。

（2）联邦储备银行

由国会组建的作为国家的中心银行系统的操作力量的12家联邦储备银行，是按照1913年国会通过的《联邦储备法》，在全国划分12个储备区，每区设立一家联邦储备银行。加入美联储就由该系统为会员银行的私人存款提供担保，但必须缴纳一定数量的存款准备金，对这部分资金，美联储不付给利息。

（3）联邦公开市场委员会

联邦公开市场委员会是美联储中另一个重要的机构。它由12名成员组成，包括联邦储备委员会全部成员7名，纽约联邦储备银行行长，其他4个名额由另外11个联邦储备银行行长轮流担任。该委员会设1名主席（通常由联邦储备委员会主席担任），1名副主席（通常由纽约联邦储备银行行长担任）。另外，其他所有的联邦储备银行行长都可以参加联邦公开市场委员会的讨论会议，但是没有投票权。

联邦公开市场委员会的最主要的工作是利用公开市场操作（主要的货币政策之一），从一定程度上影响市场上货币的储量。另外，它还负责决定货币总量的增长范围（即新投入市场的货币数量），并对联邦储备银行在外汇市场上的活动进行指导。

该委员会主要的决定都需通过举行讨论会议投票产生，它们每年都要在华盛顿特区召开 8 次例行会议，其会议日程安排表每年都会向公众公开。平时主要通过电话会议协商有关的事务，当然，必要时也可以召开特别会议。

（资料来源：周建松，2021. 金融学基础[M]. 3 版. 北京：中国人民大学出版社.）

认一认

公开市场委员会的主要职责是什么？

三、市场利率

市场利率是由资金市场上供求关系决定的利率。主要的市场利率包括货币市场利率（如伦敦银行同业拆放利率、上海银行间同业拆放利率、回购利率、贴现率）、存贷款利率（如贷款基础利率）、债券利率等。

1. 伦敦银行同业拆放利率

伦敦银行同业拆放利率（LIBOR）已成为全球贷款方及债券发行人的普遍参考利率，是目前国际上最重要和最常用的市场基准利率。

LIBOR 是英国银行家协会根据其选定的银行在伦敦市场报出的银行同业拆借利率，然后进行取样并计算平均值成为基准利率，是伦敦金融市场上银行之间相互拆放英镑、欧洲美元及其他欧洲货币资金时计息用的一种利率。LIBOR 是由伦敦金融市场上一些报价银行在每个工作日 11 时向外报出的。该利率一般分为两个利率，即贷款利率和存款利率，两者之间的差额为银行利润。通常，报出的利率为隔夜（两个工作日）、7 天、1 个月、3 个月、6 个月和 1 年期的，超过 1 年的长期利率，则视对方的资信、信贷的金额和期限等情况另定。

知识链接

银行同业拆放利率

银行同业拆放利率（interbank offered rate）是指银行同业之间的短期资金借贷利率。同业拆放有两个利率：拆进利率（bid rate），表示银行愿意借款的利率；拆出利率（offered rate），表示银行愿意贷款的利率。一家银行的拆进（借款）实际上也是另一家银行的拆出（贷款）。同一家银行的拆进利率和拆出利率相比较，拆进利率永远小于拆出利率，其差额就是银行的收益。

同业拆放中大量使用的利率是 LIBOR。LIBOR 是指在伦敦的第一流银行借款给伦敦的另一家第一流银行的利率。现在 LIBOR 已经作为国际金融市场中大多数浮动利率的基础利率。作为银行从市场上筹集资金进行转贷的融资成本，贷款协议中议定的 LIBOR 通常是由几家指定的参考银行，在规定的时间（一般是伦敦时间上午 11:00）报价的平均利率。最大量使用的是 3 个月和 6 个月的 LIBOR。

从 LIBOR 变化出来的，还有新加坡同业拆放利率（Singapore interbank offered rate，SIBOR）、纽约同业拆放利率（NewYork interbank offered rate，NIBOR）、香港同业拆放利率（Hongkong interbank offered rate，HIBOR）、上海银行间同业拆放利率、欧元银行同业拆放利率（Euro interbank offered rate，EURIBOR）等。

（资料来源：姚星垣，郭福春，2021. 经济金融指标[M]. 北京：中国人民大学出版社.）

2. 上海银行间同业拆放利率

上海银行间同业拆放利率（SHIBOR）自 2007 年 1 月 4 日正式运行以来，在货币市场的基准利率地位初步确立。SHIBOR 报价的准确性、灵敏性、代表性稳步提高，与拆借、回购利率的利差稳定性不断增强，以 SHIBOR 为基准的市场交易持续扩大。同时，SHIBOR 在市场化产品定价中得以广泛运用。

SHIBOR 采用报价制度，以拆借利率为基础，即参与银行每天对各个期限的拆借品种进行报价，对报价进行加权平均处理后，公布各期限的平均拆借利率即为 SHIBOR 利率。SHIBOR 由 16 个品种组成，比目前货币市场交易的回购或者拆借品种更加丰富。参与报价的银行需有较高的信用级别、较强的定价能力和良好的市场声誉。

3. 回购利率

回购利率是按年标示的，目前我国的回购期有 1 天、7 天、14 天、21 天、1 个月、1 年等多个品种。

回购利率取决于哪些因素呢？

在回购市场中，利率是不统一的，利率的确定取决于多种因素。

1）用于回购的证券的属性。证券的信用度越高，流动性越强，回购利率就越低；否则，利率就会相对来说高一些。

2）回购期限的长短。一般来说，期限越长，不确定因素越多，因此利率也越高。但这并不是一定的，实际上利率是可以随时调整的。

3）交割的条件。若采用实物交割的方式，则回购利率会较低；若采用其他交割方式，则利率会相对高一些。

4）货币市场其他子市场的利率水平。回购协议的利率水平不可能脱离货币市场其他子市场的利率水平而单独决定，否则该市场将失去吸引力。它一般是参照同业拆借市场利率而确定的。回购交易实际上是一种用较高信用的证券，特别是政府证券作抵押的贷款方式，风险相对较小，因此利率也较低。

4. 贴现率

企业所有的应收票据在到期前需要资金周转时，可用票据向银行申请贴现或借款。银行同意时，按一定的利率从票据面值中扣除贴现或借款日到票据到期日止的利息而付给余额。贴现率的高低主要根据金融市场利率来决定。

$$贴现利息=票据面额×贴现率×票据到期期限$$

持票人在贴付利息之后，就可以从银行取得等于票面金额减去贴现利息后的余额的现金，票据的所有权则归银行。票据到期时，银行凭票向出票人兑取现款，如遭拒付，可向背书人索取票款。

5. 贷款基础利率

贷款基础利率（LPR）是商业银行对其最优质客户执行的贷款利率，其他贷款利率可在此基础上加减点生成。贷款基础利率的集中报价和发布机制是在报价行自主报出本行贷款基础利率的基础上，指定发布人对报价进行算术计算，形成报价行的贷款基础利率报价平均利率并对外予以公布。运行初期向社会公布 1 年期贷款基础利率。

2013 年 10 月 25 日，贷款基础利率集中报价和发布机制正式运行，首日一年期贷款基础利率 5.71%。2019 年 8 月 17 日，中国人民银行发布改革完善贷款市场报价利率形成机制公告，在报价原则、形成方式、期限品种、报价行、报价频率和运用要求六个方面对 LPR 进行改革，同时将贷款基础利率中文名更改为贷款市场报价利率，英文名 LPR 保持不变。

小贴士

贷款基准利率是由中国人民银行不定期调整并公布的利率。LPR 则是由各报价行独自报价，并由中国人民银行授权全国银行间同业拆借中心计算并发布的利率，并且是每月调整一次。相比贷款基准利率，LPR 的市场化程度更高，更能反映市场供求的变化情况。

议一议

贷款基准利率和 LPR 有什么区别联系？

知识链接

MLF 和 LPR

在宏观经济新闻当中，经常会出现 MLF 和 LPR。它们分别是什么含义？有什么区别与联系？

中期借贷便利（medium-term lending facility，MLF）是指中央银行提供中期基础货币的货币政策工具，于 2014 年 9 月由中国人民银行创设。中国人民银行通过招标方式向商业银行、政策性银行提供借款，并要求银行将借款向指定对象发放贷款，如"三农"和小微企业。LPR 是商业银行对其最优质客户执行的贷款利率，其他贷款利率可在此基础上加减点生成。

LPR 利率与 MLF 利率有什么关系呢？

可以简单理解为，MLF 是中国人民银行向银行提供借款的参考利率，而 LPR 是银行向客户提供贷款时所产生的利率。新的 LPR 形成机制是在 MLF 利率基础上加点形成的。共有 18 家银行每月根据 MLF 等市场利率报出 LPR，去掉最高值和最低值之后形成的价格就是每月公布的 LPR 利率，LPR=MLF+银行平均加点。LPR 报价出来后，各银行再根据自身的资金成本、风险成本等因素，在 LPR 基础上加点形成自己的贷款利率。由此可见，MLF 利率的上调或下调，一般会传导至 LPR 利率，并最终影响贷款利率。

收益率曲线

收益率是指个别项目的投资收益率，利率是所有投资收益的一般水平，在大多数情况下，收益率等于利率，但也往往会发生收益率与利率的背离，这就导致资本流入或留出某个领域或某个时间，从而使收益率向利率靠拢。

收益率曲线是分析利率走势和进行市场定价的基本工具，也是进行投资的重要依据。收益率曲线有很多种，如国债的基准收益率曲线、存款收益率曲线、利率互换收益率曲线及信贷收益率曲线（credit curves）等。国债在市场上自由交易时，不同期限及其对应的不同收益率，形成债券市场的"基准利率曲线"。市场因此有了合理定价的基础，其他债券和各种金融资产均在这个曲线基础上，考虑风险溢价后确定适宜的价格。

收益率曲线有两个特点：第一，它反映了市场中确实存在的利率随时间期限变化的关系；第二，它综合了市场上所有品种（或一个具有代表性的品种群体）的价格，从而体现了市场整体的利率水平。因此，我们可以把收益率曲线看成国债市场的晴雨表。

四、利率政策

利率政策是一国货币政策的重要组成部分，也是货币政策实施的主要手段之一。各国中央银行根据货币政策实施的需要，适时地运用利率工具，对利率水平和利率结构进行调整，进而影响社会资金供求状况，实现货币政策的既定目标。

目前，中国人民银行采用的利率工具主要有以下几种。①调整中央银行基准利率，包括：再贷款利率，即中国人民银行向金融机构发放再贷款所采用的利率；再贴现利率，即金融机构将所持有的已贴现票据向中国人民银行办理再贴现所采用的利率；存款准备金利率，即中国人民银行对金融机构交存的法定存款准备金支付的利率；超额存款准备金利率，即中央银行对金融机构交存的准备金中超过法定存款准备金水平的部分支付的利率。②调整金融机构法定存贷款利率。③制定金融机构存贷款利率的浮动范围。④制定相关政策对各类利率结构和档次进行调整等。

近年来，中国人民银行加强了对利率工具的运用。利率调整逐年频繁，利率调控方式更为灵活，调控机制日趋完善。随着利率市场化改革的逐步推进，作为货币政策主要手段之一的利率政策将逐步从对利率的直接调控向间接调控转化。利率作为重要的经济杠杆，在国家宏观调控体系中将发挥更加重要的作用。

如何利用利率政策调控宏观经济呢？

利率政策是西方宏观货币政策的主要措施，政府为了干预经济，可通过变动利率的办法来间接调节通货。在经济萧条时期，可降低利率，扩大货币供应，刺激经济发展。

在通货膨胀时期，可提高利率，减少货币供应，抑制经济的恶性发展。

美国的自由利率政策和美联储的利率政策是否矛盾？

既然美国实行自由利率政策，利率由市场决定，那么，为什么美联储还能提高联邦基金利率呢？

美联储提高联邦基金利率不是用行政命令的手段发个通知告诉市场机构执行，而是通过其公开市场操作买卖国债来影响市场资金的供给，从而影响利率，最终实现其政策目标。在这个过程中，美联储是市场各类金融机构的交易对手，都依法平等地参与到市场机制中来，但利率仍然是由市场自由决定的，美联储只是一部分影响因素。

任务三 金融安全指标解读

核心指标

资本充足率
核心资本
附属资本
不良贷款率
我国贷款五级分类标准
拨备覆盖率
M2/GDP
社会融资规模

一、资本充足率

资本充足率（capital adequacy ratio）是指资本总额与加权风险资产总额的比例。

如何解读资本充足率？

资本充足率反映商业银行在存款人和债权人的资产遭到损失之前，该银行能以自有资本承担损失的程度。规定资本充足率的目的在于抑制风险资产的过度膨胀，保护存款人和其他债权人的利益，保证银行等金融机构正常运营和发展。各国金融管理当局一般有对商业银行资本充足率的管制，目的是监测银行抵御风险的能力。

资本充足率是否越高越好呢？

资本充足率越高说明银行盈利越稳健，资本充足率太高，过剩的资本金意味着资本金对应的金融资产的总量相对偏小，说明信用中介职能发挥不佳，资金运用不足，在一定程度上影响银行的盈利能力。不仅银行应该注重资本充足率的充足，股东和投资者们也希望银行盈利能力更高一些。

资本充足率有不同的口径，主要有资本对存款的比率、资本对负债的比率、资本对总资产的比率、资本对风险资产的比率等。作为国际银行监督管理基础的《巴塞尔协议》规定，资本充足率以资本对风险加权资产的比率来衡量，其目标标准比率为 8%。

议一议

资本充足率是否越高越好？

注意风险

资本充足程度指标

资本充足程度指标包括核心资本充足率和资本充足率。核心资本充足率为核心资本与风险加权资产之比，不应低于 4%；资本充足率为核心资本加附属资本与风险加权资产之比，不应低于 8%。

知识链接

《巴塞尔协议》的历史演进与宏观审慎监管

从国际上看，巴塞尔协议监管体系经历了三个主要阶段。第一阶段：巴塞尔委员会于 1988 年 7 月颁布的《巴塞尔协议Ⅰ》为国际银行监管史上的里程碑，其将资本充足率作为监管架构的核心；第二阶段：巴塞尔委员会于 2004 年颁布的《巴塞尔协议Ⅱ》提出全面风险管理体系，首次构建"最低资本要求、监管部门监督检查和市场约束"三大支柱的国际银行监管架构；第三阶段：在三大支柱的基础上，进一步明确宏观审慎的资本要求，巴塞尔委员会于 2010 年 12 月颁布的《巴塞尔协议Ⅲ》重点对第一支柱"最低资本要求"进行完善，2017 年 12 月《巴塞尔协议Ⅲ（最终版）》致力于规范风险加权资产计量方法。

我国在实践中，逐步落实宏观审慎监管的理念。中国人民银行于 2015 年 12 月 29 日发文，2016 年开始实施宏观审慎评估体系（macro prudential assessment，MPA）。MPA 评估对象分为三大类：全国性系统重要性机构、区域性系统重要性机构和普通机构。MPA 每季度评估一次，包含资本和杠杆情况、资产负债情况、流动性、定价行为、资产质量、跨境融资风险和信贷政策执行七大方面，总计 16 个细分指标。

（资料来源：作者根据网络资料整理得到。）

（一）核心资本和附属资本

核心资本是指权益资本和公开储备，是银行资本的构成部分，至少要占资本总额的 50%，不得低于兑现金融资产总额的 4%。

1. 权益资本

权益资本是投资者投入的资本金，体现出资者权益，其资本的取得主要通过接受投资、发行股票或内部融资形成。权益资本包括股本、盈余公积、资本公积和未分配利润。

盈余公积是指公司按照规定从净利润中提取的各种积累资金。

资本公积是指投资者或者他人投入到企业、所有权归属于投资者，并且投入金额上超过法定资本部分的资本。

未分配利润是企业未作分配的利润。它在以后年度可继续进行分配，在未进行分配之前，属于所有者权益的组成部分。从数量上来看，未分配利润是期初未分配利润加上本期实现的净利润，减去提取的各种盈余公积和分出的利润后的余额。

2. 公开储备

公开储备一般是从商业银行税后利润中提留，是银行权益类资本的重要组成部分。一般由留存盈余和资本盈余（如股票发行溢价）等组成。

按照国际惯例，各国的商业银行在本国的中央银行设有的公开数额的储备金，以国家银行的信用作担保。

附属资本又称二级资本，包括未披露准备金、一般损失准备金、从属有期债务等。

（二）加权风险资产

加权风险资产是指对银行的资产加以分类，根据不同类别资产的风险性质确定不同的风险系数，以这种风险系数为权重求得的资产总额。

例如，现金、贷款、证券等不同的资产有不同的风险水平，现金风险最低，贷款、证券的风险要高一些。为反映总体风险水平，会为不同风险的资产设置不同的风险系数，以各种资产各自的风险系数乘以资产数额加总，便得到加权风险资产。

如何计算加权风险资产总额？

首先全面考虑构成风险的各种因素，并以此建立计算风险权重资产的风险权重函数，然后测算必须满足的最低资本量。

$$风险加权资产总额=资产负债表内资产×风险权数+资产负债表外资产×转换系数×风险加权数$$

巴塞尔新资本协议将国际银行业的风险扩大到信用风险、市场风险、操作风险。国际清算银行表内资产风险权数及其对应的资产内容见表 2.3。

表 2.3　国际清算银行表内资产风险权数及其对应的资产内容

风险权数	内容
0%	① 现金 ② 以本国货币定值，并以此通货对中央政府或中央银行融通资金的债权 ③ 对经济合作与发展组织（Organization for Economic Co-operation and Development，OECD）成员国，或者对与 IMF 达成与其借款总安排相关的特别贷款协议的国家的中央政府或中央银行的其他债权 ④ 用现金或者用 OECD 国家中央政府债券作担保，或者由 OECD 国家的中央政府提供担保的贷款

续表

风险权数	内容
0%，10%，20%，50%	国内政府公共部门机构（不包括中央政府）的债权和由这样的机构提供担保的贷款由各国自行在 0%、10%、20%及 50%中选择其风险权数
20%	① 对多边发展银行的债权，以及由这类银行提供担保，或者以这类银行的债券作抵押的债权 ② 对 OECD 国家内的注册银行的债权及由 OECD 国家内注册银行提供担保的贷款 ③ 对 OECD 以外国家注册的银行余期在 1 年期内的债权和由 OECD 以外国家的法人银行提供担保的，所余期限在 1 年之内的贷款 ④ 对非本国的 OECD 国家的公共部门机构（不包括中央政府）的债权，以及由这些机构提供担保的贷款 ⑤ 托收中的现金款项
50%	完全以居住用途的房产作抵押的贷款（这些房产须为借款人所占有使用，或者由他们出租）
100%	① 对私人机构的债权 ② 对 OECD 以外的国家的法人银行余期在 1 年以上的债权 ③ 对 OECD 以外的国家的中央政府的债权 ④ 对公共部门所属的商业公司的债权 ⑤ 行址、厂房、设备和其他固定资产 ⑥ 不动产和其他投资（包括那些没有综合到资产负债表内的、对其他公司的投资） ⑦ 其他银行发行的资本工具（从资本中扣除的除外） ⑧ 所有其他的资产

（三）商业银行风险的计量

关于信用风险的计量，巴塞尔新资本协议提出两种基本方法：第一种是标准法，第二种是内部评级法，内部评级法又分为初级法和高级法。对于风险管理水平较低一些的银行，巴塞尔新资本协议建议其采用标准法来计量风险，计算银行资本充足率。根据标准法的要求，银行将采用外部信用评级机构的评级结果来确定各项资产的信用风险权重。当银行的内部风险管理系统和信息披露达到一系列严格的标准后，银行可采用内部评级法。内部评级法允许银行使用自己测算的风险要素计算法定资本要求。其中，初级法仅允许银行测算与每个借款人相关的违约概率，其他数值由监管部门提供；高级法则允许银行测算其他必需的数值。类似地，在计量市场风险和操作风险方面，委员会也提供了不同层次的方案以备选择。

（四）我国商业银行资本充足率管理

我国商业银行资本充足率管理的相关规定主要依据《商业银行资本充足率管理办法》，规定商业银行资本充足率的计算公式为

资本充足率＝（资本－扣除项）/（风险加权资产＋12.5倍的市场风险资本）

核心资本充足率＝（核心资本－核心资本扣除项）/（风险加权资产
＋12.5倍的市场风险资本）

核心资本包括实收资本或普通股、资本公积、盈余公积、未分配利润和少数股权。附属资本包括重估储备、一般准备、优先股、可转换债券等。

普通股是指在公司的经营管理和盈利及财产的分配上享有普通权利的股份，代表满

足所有债权偿付要求及优先股东的收益权与求偿权要求后对企业盈利和剩余财产的索取权。

优先股是相对于普通股而言的，主要指在利润分红及剩余财产分配的权利方面优先于普通股。

商业银行的附属资本不得超过核心资本的 100%，计入附属资本的长期次级债务不得超过核心资本的 50%。

少数股权是少数股东权益的简称。《企业会计准则第 33 号——合并财务报表》第三十一条规定："子公司所有者权益中不属于母公司的份额，应当作为少数股东权益，在合并资产负债表中所有者权益项目下以'少数股东权益'项目列示。"

可转换债券是可转换公司债券的简称，它是一种可以在特定时间、按特定条件转换为普通股票的企业债券。

我国部分风险资产的风险权重见表 2.4。

表 2.4　我国部分风险资产的风险权重

项目	权重
对我国中央政府和中国人民银行本外币债权	0%
对我国中央政府投资的公用企业的债权	50%
对我国政策性银行的债权	0%
对我国其他商业银行的债权	20%
持有我国其他商业银行发行的混合资本债券和长期次级债务	100%
对我国中央政府投资的金融资产管理公司为收购国有银行不良贷款而定向发行的债券	0%
对我国中央政府投资的金融资产管理公司的其他债权	100%
对企业、个人的债权及其他资产	100%
个人住房抵押贷款	50%

二、不良贷款

不良贷款是指次级类贷款、可疑类贷款和损失类贷款。

（一）我国贷款五级分类标准

贷款五级分类标准按照《贷款风险分类指导原则》《关于推进和完善贷款风险分类工作的通知》及相关法规要求执行。采用以风险为基础的分类方法，可把贷款分为正常、关注、次级、可疑和损失五类，后三类合称为不良贷款。

正常类贷款：借款人能够履行合同，没有足够理由怀疑贷款本息不能按时足额偿还。

关注类贷款：尽管借款人目前有能力偿还贷款本息，但存在一些可能对偿还产生不利影响的因素。

次级类贷款：借款人的还款能力出现明显问题，完全依靠其正常营业收入无法足额偿还贷款本息，即使执行担保，也可能会造成一定损失。

可疑类贷款：借款人无法足额偿还贷款本息，即使执行担保，也要造成较大损失。

损失类贷款：在采取所有可能的措施或一切必要的法律程序之后，本息仍然无法收回，或只能收回极少部分。

各项贷款指银行业金融机构对借款人融出货币资金形成的资产，主要包括贷款、贸易融资、票据融资、融资租赁、从非金融机构买入返售资产、透支、各项垫款等。

如何计算不良贷款率？

不良贷款率是指次级类贷款、可疑类贷款和损失类贷款占各项贷款的比率。

不良贷款率＝（次级类贷款＋可疑类贷款＋损失类贷款）/各项贷款×100%

注意风险

商业银行风险监管核心指标规定：不良资产率为不良资产与资产总额之比，不应高于4%；不良贷款率为不良贷款与贷款总额之比，不应高于5%。

（二）拨备覆盖率

不良贷款拨备覆盖率＝贷款损失准备金计提余额/不良贷款余额

贷款损失准备金指银行因预期贷款无法收回，在账面上提列的坏账损失准备。

如何解读不良贷款拨备覆盖率呢？

不良贷款拨备覆盖率是衡量商业银行贷款损失准备金计提是否充足的一个重要指标。

不良贷款拨备覆盖率反映了商业银行对贷款损失的弥补能力和对贷款风险的防范能力。国际排名前100家大银行近10年不良贷款拨备覆盖率的平均水准约为100%。这实际上是从另一个角度来评价贷款损失准备是否充分，是银行谨慎考虑防风险的一个方面，也是反映业绩真实性的一个量化指标。

知识链接

贷款损失准备金的计提方法和比例

商业银行提取的贷款损失准备金一般有三种：一般准备金、专项准备金和特别准备金。

一般准备金是商业银行按照贷款余额的一定比例提取的贷款损失准备金。我国商业银行现行的按照贷款余额1%计提的贷款呆账准备金就相当于一般准备金。

专项准备金应该针对每笔贷款根据借款人的还款能力、贷款本息的偿还情况、抵押品的市价、担保人的支持度等因素，分析风险程度和回收的可能性合理计提。我国现行的《贷款损失准备计提指引》规定，专项准备金要根据贷款风险分类的结果，对不同类别的贷款按照建议的计提比例进行计提。

特别准备金是针对贷款组合中的特定风险，按照一定比例提取的贷款损失准备金。特别准备金与一般准备金和专项准备金不同，它不是商业银行经常提取的准备金，只有遇到特殊情况才计提。

在很多西方发达国家，贷款损失准备金如何计提、计提比例是多少，都是由商业银行按照审慎原则自主决定的，计提标准主要是根据贷款分类的结果和对贷款损失概率的历史统计。在转轨经济国家则一般由监管当局确定计提原则，确定计提比例的参照标准。

根据我国《银行贷款损失准备计提指引》，银行应按季计提一般准备金，一般准备金年末余额不得低于年末贷款余额的 1%。银行可以参照以下比例按季计提专项准备：对于关注类贷款，计提比例为 2%；对于次级类贷款，计提比例为 25%；对于可疑类贷款，计提比例为 50%；对于损失类贷款，计提比例为 100%。其中，次级和可疑类贷款的损失准备，计提比例可以上下浮动 20%。特种准备金由银行根据不同类别（如国别、行业）贷款的特种风险情况、风险损失概率及历史经验，自行确定按季计提比例。

（资料来源：佚名，2021. 商业银行提取的贷款损失准备金种类有哪些? [EB/OL].（2021-12-13）[2022-09-22]. http://m.canet.com.cn/view-755427-1.html；佚名，2021. 贷款损失准备金的计提方法和比例? [EB/OL].（2021-06-01）[2022-09-22]. http://www.canet.com.cn/cg/725954.html.）

议一议

商业银行为什么要提取贷款损失准备金? 如何提取?

其他与不良贷款率相关或接近的指标还有正常贷款迁徙率、不良贷款迁徙率、准备金充足程度指标等。

正常贷款迁徙率＝正常贷款中变为不良贷款的金额／正常贷款

正常贷款包括正常类和关注类贷款，所以正常贷款迁徙率包括正常类贷款迁徙率和关注类贷款迁徙率两个二级指标。

正常类贷款迁徙率＝正常类贷款中变为后四类贷款的金额／正常类贷款

关注类贷款迁徙率＝关注类贷款中变为不良贷款的金额／关注类贷款

不良贷款迁徙率包括次级类贷款迁徙率和可疑类贷款迁徙率。

次级类贷款迁徙率＝次级类贷款中变为可疑类贷款和损失类贷款的金额／次级类贷款

可疑类贷款迁徙率＝可疑类贷款中变为损失类贷款的金额／可疑类贷款

准备金充足程度指标包括资产损失准备充足率和贷款损失准备充足率。

资产损失准备充足率属于一级指标，为信用风险资产实际计提准备与应提准备之比，不应低于 100%；贷款损失准备充足率属于二级指标，为贷款实际计提准备与应提准备之比，不应低于 100%。

三、宏观金融安全

（一）金融深化水平

在经济分析中，常常把货币经济与实体经济联系起来考察，通常用广义货币供应量 M2 与 GDP 的比值（M2/GDP）进行分析。

M2/GDP 表示什么含义呢?

M2/GDP 实际衡量的是在全部经济交易中，以货币为媒介进行交易所占的比重。从总体上看，它是衡量一国经济金融化的初级指标。通常来说，在一定范围内，该比值越大，说明经济货币化的程度越高。

🌟注意风险

M2/GDP 的值并非越高越好。一般而言，当金融市场发展到一定程度后，M2/GDP 的值就会下降，因为股票、债券等直接融资的比率会相对上升。从国际金融监管的经验看，这一指标过高，往往蕴藏着一定的金融不稳定因素。

近年来，我国的 M2/GDP 指标的持续上升表明我国的经济增长具有明显的信贷推动特征，而且在现有的间接融资中，大中型企业和中长期基建项目贷款比重高，贷款集中度高，容易形成不良资产，不利于金融风险防范。

（二）社会融资规模

社会融资规模是指一定时期内实体经济从金融体系获得的资金总额。

社会融资总量就是金融业对实体经济的年度新增融资总量，既包括银行体系的间接融资，又包括资本市场的债券、股票等市场的直接融资。值得注意的是，社会融资规模是指一定时期内实体经济从金融体系获得的资金总额，是增量概念。

近年来，社会融资规模增长迅速，社会融资规模增量从 2004 年的 2.86 万亿元增长到 2019 年的 25.58 万亿元。从其构成来看，按照中国人民银行的统计口径，社会融资规模包括人民币贷款、外币贷款、委托贷款、信托贷款、未贴现银行承兑汇票、企业债券、非金融企业境内股票七个项目。分项来看，银行贷款仍是社会融资规模最重要的组成部分，但占比在逐年下降。以票据融资、信托融资、委托贷款等为代表的非银行融资成为越来越重要的资金来源。

近年来，金融产品和融资工具不断创新，商业银行表外业务对贷款产生明显的替代效应，新增人民币贷款已不能完整反映金融与经济的关系，也不能全面反映实体经济的融资规模。在这一背景下，外币贷款、委托贷款、信托贷款、未贴现银行承兑汇票、企业债券、非金融企业境内股票融资等指标均被列入社会融资规模统计口径，用社会融资规模来衡量注入实体经济的资金量，使宏观调控更具针对性和准确性。

📌议一议

社会融资规模与货币信贷之间的关系如何？

🌟注意风险

社会融资规模绝不是越大越好，特别是经济低迷期，如果社会融资规模增长过快、增长行为不规范，不仅不能帮助经济走出低迷，反而会引发滞胀风险。

在社会融资规模的视角下，鼓励发展直接融资等业务有助于分担过去全部由商业银行承担的信用风险，但信用违约风险也将从商业银行扩展到其他融资领域，其他融资领域自身的风险点也将成为货币调控不可忽视的方面。

指标解释

- 货币供应量：一定时点上一国经济中的货币存量的总额，由货币性资产组成。
- 流动性：某种金融资产转化为现金或现实购买力的能力。
- 货币供给：货币供给主体向社会公众供应货币的经济行为。
- 基础货币：现金加商业银行在中央银行的存款准备金。
- 货币政策：中央银行为实现既定的经济目标（稳定物价、促进经济增长、实现充分就业和平衡国际收支），运用各种工具调节货币供给和利率，进而影响宏观经济的方针和措施的总和。
- 货币乘数：货币供应量同基础货币的比率，即每一基础货币的变动所引起的货币供应量的增加或减少的倍数。
- 存款准备金率：中央银行要求的存款准备金占其存款总额的比例。
- 再贴现率：中央银行在对商业银行办理贴现贷款中所收取的利率。
- 公开市场业务：中央银行在公开市场上进行操作，买进或卖出债券。
- 利率：一定时期内利息量与本金的比率。
- 基准利率：在整个利率体系中起核心作用并能制约其他利率的基本利率。
- 美国联邦基金利率：美国同业拆借市场的利率。
- LIBOR：英国银行家协会根据其选定的银行在伦敦市场报出的银行同业拆借利率，进行取样并平均计算成为基准利率。
- LPR：商业银行对其最优质客户执行的贷款利率，其他贷款利率可在此基础上加减点生成。
- MLF：中央银行提供中期基础货币的货币政策工具。
- 资本充足率：资本总额与加权风险资产总额的比例。
- 风险加权资产：对银行的资产加以分类，根据不同类别资产的风险性质确定不同的风险系数，以这种风险系数为权重求得的资产总额。
- 不良贷款率：次级类贷款、可疑类贷款和损失类贷款占各项贷款的比率。
- 次级类贷款：借款人的还款能力出现明显问题，完全依靠其正常营业收入无法足额偿还贷款本息，即使执行担保，也可能会造成一定损失。
- 可疑类贷款：借款人无法足额偿还贷款本息，即使执行担保，也要造成较大损失。
- 损失类贷款：在采取所有可能的措施或一切必要的法律程序之后，本息仍然无法收回，或只能收回极少部分。
- 不良贷款拨备覆盖率：贷款损失准备金计提余额与不良贷款余额之比。
- 贷款损失准备金：银行因预期贷款无法收回，在账面上提列的坏账损失准备。

核心指标解读要点

- 货币供给是怎样形成的？其原理是什么？如何调控？

- 中央银行投放基础货币的渠道有哪些？它们如何影响基础货币数量？
- 如何在不同的经济状况下选择货币政策调节宏观经济？
- 调整法定准备金率如何影响货币供应量？
- 调整再贴现率如何影响货币供应量？
- 进行公开市场业务如何影响货币供应量？
- 哪些因素会影响利率？
- 回购利率取决于哪些因素？
- LPR、MLF 与基准利率有什么区别联系？
- 如何利用利率政策调控宏观经济？
- 如何解读资本充足率？
- 如何计算加权风险资产总额？
- 如何计算不良贷款率？
- 如何解读不良贷款拨备覆盖率？
- M2/GDP 表示什么含义？

【在线学习】

访问中国人民银行网站 http://www.pbc.gov.cn/，进入"调查统计"栏目，浏览货币统计概览主要数据及其变化，重点关注货币供应量统计表内的指标。

项目三　资本市场指标解读

学习目标

1. 知识目标

1）掌握影响股票和债券价格的主要因素。
2）熟悉基金市场的主要类型和特点。
3）了解期货市场运行的基本原理。

2. 能力目标

1）能分析股票价格的走势。
2）能解释资本市场发展对市场经济的意义。

情境导入

小金的朋友中有一位"股神"，据说特别厉害，可是最近听同学说他近来运气不好，买的基金被"套牢了"，炒期货又亏了很多钱。这反倒激起了小金的兴趣：这到底是怎么回事？股票和基金的区别在哪里？期货又是如何运作的？

思考：你听说过亲朋好友炒股、炒期货大赚或者大亏的故事吗？你身边有"股神"吗？你和他们交流过吗？他们成功的经验或者失败的教训是什么？

任务一　股票市场指标解读

核心指标

每股收益（earning per share，EPS）
净资产收益率
市盈率
换手率
成交量

小看板

上市公司的数量

构建高水平社会主义市场经济体制离不开高水平的资本市场，需要健全资本市场功能，提高直接融资比重。截至 2022 年 2 月 8 日，我国 A 股上市公司共计 4716 家，其中，国有控股上市公司有 1286 家，占 A 股公司总量的 27.27%。国有控股上市公司总量占比虽不及 A 股数量的一半，但市值几乎扛起 A 股总市值的半边天。

1286 家国有控股上市公司总市值为 43.61 万亿元，占 A 股总市值的 46.46%。其中，地方国有控股上市公司 863 家，中央国有控股上市公司 423 家，总市值分别为 18.84 万亿元、24.77 万亿元。

（资料来源：黄运成，价值在线，易董. 2022. 1286 家国有控股上市公司是 A 股上市公司高质量发展的基石和稳定器 [EB/OL].（2022-02-14）[2022-03-01]. http://www.cbex.com.cn/zl_244/ssgsbg/xmxx/hyzx/202202/t20220216_107660.html.）

一、股票概述

股票是股份有限公司发给投资者用以证明其在公司的股东权利和投资入股份额，并据此获得股息和红利的有价证券。股份有限公司经主管机关核准后，印制股票交予投资者持有，作为代表所有权的凭证，这就是股票原始的意义。

股票可以转让、买卖、抵押，不可以退股、抽回股资，是金融市场上主要的、长期的信用工具。它作为代表股份资本所有权的证书，是独立于实际资本之外的虚拟资本。

（一）股份有限公司的产生

股份有限公司通常含义为由法律规定人数以上的股东组成，全部资本划分为等额股份，股东仅就其认购的股份对公司债务负清偿责任的公司形式。

股份有限公司的一般性质是具有独立的法人资格、股份投资具有永久性、所有权和经营权分离。

股份有限公司设立的流程见图 3.1。

早期股票采用纸面形式（图 3.2）发行，现在的股票多采用无纸化形式发行。

```
┌──────────────┐    ┌──────────────┐    ┌──────────────┐
│ 一定数量的发起人 │ ⇒ │  制定公司章程   │ ⇒ │   认购股份    │
└──────────────┘    └──────────────┘    └──────────────┘
                                                  ⇓
┌──────────────┐    ┌──────────────┐    ┌──────────────┐
│  办理登记手续   │ ⇐ │   创立大会    │ ⇐ │             │
└──────────────┘    └──────────────┘    └──────────────┘
```

图 3.1　股份有限公司设立的流程

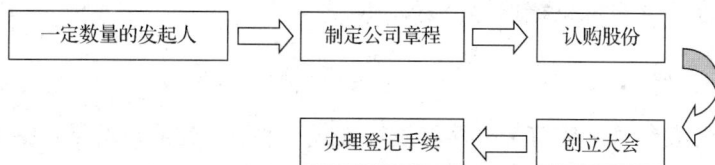

图 3.2　股票样本

（二）股票的发行方式

股票的发行方式包括首次公开发行、增发与配股。

1. 首次公开发行

股票是由股份有限公司发行的，其中首次公开发行（initial public offerings，IPO）是股票公开发行的重要形式。首次公开招股是指一家企业第一次将它的股份向公众出售。通常，上市公司的股份是根据向相应证券会出具的招股书或登记声明中约定的条款通过经纪商或做市商进行销售。一般来说，一旦首次公开上市完成后，这家公司就可以申请到证券交易所或报价系统挂牌交易。

2. 增发与配股

除首次公开发行外，还有另外两种发行方式：增发与配股。增发是指上市公司为了再融资而再次发行股票的行为。配股是指上市公司在获得必要的批准后向其现有股东提出配股建议，使现有股东可按其持有上市公司的股份比例认购配股股份的行为。

（三）股票的类型

股票有各种分类方法。按国际惯例和股票所代表的不同权益和风险划分，股票可分为普通股和优先股。我国现行的股票按投资主体不同，划分为国有股、法人股、公众股和外资股。

1. 普通股

普通股是指收益随股份有限公司的利润变动而变动，不限制股东权利的一种股票。普通股是股份公司资本构成中最重要、最基本的股份，也是风险最大的一种股份。投资者在沪、深两市投资买卖的都属于普通股。

2. 优先股

优先股是相对于普通股而言的。优先股的收益是事先约定的，而且是固定的，优先股具有优先于普通股取得股息和公司破产倒闭时优先于普通股得到清偿的权利。优先股可以先于普通股获得股息，清偿顺序也先于普通股，但相应的股东权利受限。例如，优先股股东对公司通常没有表决权，不具有对公司的控制能力。从性质上说，优先股一般属于股东权益的一部分，但兼有债权的特点，是一种混合证券。西方国家公司股份常包括优先股，目前中国 A 股上市公司没有优先股。美国八成以上优先股由金融类公司发行。

3. 国有股

国有股是指有权代表国家投资的部门或者机构，以国有资产向股份有限公司投资形成的股票，一般是指国家投资或国有资产经过评估并经过国有资产管理部门确认的国有资产折成的股份。

4. 法人股

法人股是指企业法人以其依法可支配的资产向股份有限公司投资而形成的股票，或具有法人资格的事业单位或社会团体以国家允许用于经营的资产向股份有限公司投资而形成的股票。

5. 公众股

公众股是指社会个人或股份有限公司内部职工以个人财产投入公司形成的股份。目前在我国上海与深圳交易所上市交易的股票就是公众股（俗称流通股）。

目前我国上市公司的股票有 A 股、B 股、H 股、N 股、S 股等之分，这一区分的主要依据是股票的上市地点和所面对的投资者。

A 股是指在我国境内发行，供国内居民和单位用人民币购买的普通股票，是我国股民最主要的炒股对象。我国第一次公开向社会发行的 A 股是 1984 年 11 月发行的飞乐音响（600651）。

6. 外资股

外资股是指外国和我国香港、澳门、台湾地区投资者以购买人民币特种股票形式向股份公司投资形成的股份，它分为境内上市外资股和境外上市外资股两种形式。

（1）境内上市外资股

B 股是指专供境内外投资者在境内以外币买卖的特种普通股票。2001 年 2 月 19 日前仅限外国投资者买卖；2001 年 2 月 19 日后，B 股市场对国内投资者开放，上海证券交易所 B 股交易以美元计价，深圳证券交易所 B 股交易以港元计价。

（2）境外上市外资股

1）H 股是我国境内注册的公司在我国香港发行并在香港联合交易所上市的普通股票。

2）N 股是我国境内注册的公司在纽约发行并在纽约证券交易所上市的普通股票。

3）S 股是我国境内注册的公司在新加坡发行并在新加坡交易所上市的普通股票。

7. 其他类型股票

1）红筹股是指在我国大陆境外注册，在香港上市的内地企业或其控股公司发行的股票。通过中资公司收购香港中小型上市公司是红筹股的常见形态。

2）蓝筹股是指在某一行业内占有重要支配地位、业绩优良的大公司的股票。

3）绩优股是指业绩优良，具有较高投资价值的股票。

4）送股是指上市公司将利润（或资本金转增）以红股的方式分配给投资者使投资者所持股份增加而获得投资收益的普通股票。分红是指上市公司以现金方式发放股利，这种分配方式需缴纳所得税。

（四）股票价格

股票价格可分为票面价格、发行价格、账面价格、清算价格、理论价格和市场价格。

股票的票面价格又称股票面值，是股份公司在所发行的股票票面上标明的票面金额，它以"元/股"为单位，用来表明每张股票所包含的资本数额。在我国上海和深圳证券交易所流通的股票的面值均为每股 1 元。

股票的发行价格有平价、折价、溢价三种，我国规定股票不能折价发行，一般可以溢价发行。

股票的账面价格、账面价值又称股票净值或每股净资产，是指用会计的方法计算出来的每股股票所包含的资产净值，是每股股票所代表的实际资产的价值。将净资产除以总股本就是每股的净值。账面价值高则股东实际所拥有的财产多；反之，股东实际所拥有的财产少。

股票的清算价格是指一旦股份公司破产或倒闭后进行清算时，每股股票所代表的实际价值。股票代表的是持有者的股东权，这种股东权的直接经济利益表现为股息、红利收入，股票的理论价格就是为获得这种股息、红利收入的请求权而付出的代价，是股息资本化的表现。

股票的理论价格是指股息收益与利息率之比，其公式为

$$股票的理论价格 = 股息收益 / 利息率$$

市场价格就是股票在股票市场上买卖的价格，既包括发行价和流通价，又包括开盘价、收盘价、最高价、最低价、平均价等。

打新股又称申购新股，是指投资者在申购时间内通过与交易所联网的证券营业部根据发行人发行公告规定的发行价格和申购数字筹足申购款进行申购委托。

算一算

选择一个上市公司，利用发行价格、开盘价格计算打新股的收益情况。

（五）股票价格指数

股票指数即股票价格指数，是由证券交易所或金融服务机构编制的表明股票行市变动的一种供参考的指示数字。这种股票指数是表明股票行市变动情况的价格平均数。

股票价格指数的计算方法有算术平均法和加数平均法两种：算术平均法是将组成指数的每只股票价格进行平均计算得出的一个平均值；加数平均法就是计算这一股价指数中所有组成样本的加数平均值。在计算股价平均值时，不仅要考虑每只股票的价格，还要根据每只股票对市场影响的大小对平均值进行调整。通常权数根据每种股票定时交易的市场总价值或上市总股本来分配，世界上大多数国家的股价指数是采用加权平均法计算的。

编制股票指数通常以某年某月为基础，以这个基期的股票价格作为100，用以后各时期的股票价格和基期价格比较，计算出升降的百分比，就是该时期的股票价格指数。例如，选定基期指数为100点，基期平均价格为50元，则当报告期价格变为100元时，报告期的股票价格指数为100/50×100=200（点）。

1. 国际主要股票价格指数

（1）道琼斯股票价格指数

道琼斯股票价格指数是迄今为止历史最悠久、影响范围最广的股票指数，从开始编制至今 100 多年来从无间断。1884 年 6 月 3 日，道琼斯公司创始人查尔斯·亨利·道（Charles Henry Dow）开始编制一种股票价格指数，并刊登在《每日通讯》上。道琼斯股票价格指数主要包括四种分类指数：工业股票价格指数、运输业股票价格指数、公用事业股票价格指数和综合股票价格指数。其中，工业股票价格指数应用范围最广。在这四类指数下又有若干细分指数，总量达到 300 多种。道琼斯工业、运输业和公用事业股票指数都是平均系列指数，综合指数是由以上三个指数的 65 只成分股组成的平均指数，可以综合反映纽约证券交易所所有上市股票的价格总体走势。道琼斯平均指数采用算术平均法计算，遇到拆股、换牌等非交易情况时用除数修正法予以调整。

（2）恒生指数

恒生指数是由香港恒生银行于 1969 年 11 月 24 日开始编制的用以反映我国香港股市行情的一种股票指数。该指数的成分股由在香港上市的较有代表性的 33 家公司的股票构成，其中金融业四种、公用事业六种、地产业九种、其他行业 14 种。恒生指数最初以 1964 年 7 月 31 日为基期，基期指数为 100，以成份股的发行股数为权数，采用加权平均法计算；后由于技术原因改为以 1984 年 1 月 13 日为基期，基期指数定为 975.47。恒生指数现已成为反映香港政治、经济和社会状况的主要风向标。

（3）日经 225 平均股指指数及日经平均股

日经 225 平均股指（简称日经 225）指数是代表日本股票市场的股指指数，由日本经济新闻社每天公布数据。日经 225 指数为各股指指数中历史最悠久（基期为 1947 年＝225），且为国内外投资人及股市相关者最熟悉的指数之一。

日经平均股是指在东证一部上市股票中，以成交量最活跃、市场流通性最高的 225 支股票的股指为基础，以"修正式算术平均"计算出来的。日经 225 指数选取的股票虽只占东京证券交易所第一类股中 20%的股数，但该股指指数代表第一类股中近 60%的交易量及近 50%的总市值。具体而言，日经平均股是从业种分类中，选择技术、金融、运输、公共、消费等具有高流通性的股票。

其他主要国际股指还有新加坡《海峡时报》指数、伦敦《金融时报》指数、标准普尔股票价格指数、纽约证券交易所股票价格指数等。

2. 国内主要股票价格指数

（1）上证综合指数

上证综合指数是上海证券交易所从 1991 年 7 月 15 日起编制并公布上海证券交易所股价指数，它以 1990 年 12 月 19 日为基期，基日指数定为 100 点，以全部上市股票为样本，包括 A 股和 B 股，以股票发行量为权数，按加权平均法计算。上证综合指数是我国最早发布的股票指数。

（2）深证成分股指数

深证成分股指数由深圳证券交易所编制，通过对所有在深圳证券交易所上市的公司进行考察，按一定标准选出 40 家有代表性的上市公司作为成分股，以成分股的可流通股数为权数，采用加权平均法编制而成。成分股指数以 1994 年 7 月 20 日为基日，基日指数为 1000 点，起始计算日为 1995 年 1 月 23 日。

（3）沪深 300 指数

沪深 300 指数是由上海和深圳证券市场中选取 300 只 A 股作为样本，样本选择标准为规模大、流动性好的股票。沪深 300 指数样本覆盖沪深市场六成左右的市值，具有良好的市场代表性。由上海证券交易所和深圳证券交易所联合编制的沪深 300 指数于 2005 年 4 月 8 日正式发布。沪深 300 指数以 2004 年 12 月 31 日为基日，基日点位 1000 点。沪深 300 指数简称沪深 300，指数代码为沪市 000300、深市 399300。

二、股票分析

小看板

投资什么股票

卖掉赚钱的股票而留下赔钱的股票就好比剪掉了香花而留下了杂草。

——投资大师彼得·林奇（Peter Lynch）

要选择你充分信任的公司投资。

——沃伦·E. 巴菲特（Warren E. Buffett）

解决投资什么股票的问题主要依靠基本面分析法。

基本面分析的三大层次包括宏观经济分析、中观行业与区域分析、公司分析。

宏观经济分析包括宏观经济运行分析、GDP 分析、经济周期分析、通货物膨胀分析及其他经济因素（包括通货膨胀因素、市场利率因素、货币政策因素、财政政策因素等）分析。例如，目前 CPI 涨幅达到 6% 以上对股市的影响、人民币持续升值对股市的影响、美国次贷危机对我国股市的影响等。

中观行业与区域分析包括行业市场结构（完全竞争、垄断竞争、寡头竞争、完全垄断）分析、行业生命周期（初创期、成长期、成熟期、衰退期）分析。例如，创业板推出时，创投概念股票的投资机会；2008 年北京奥运会对奥运概念股的影响；全球农产品供应紧张给农业板块带来的投资价值的提升等。又如，美元疲软导致黄金价格突破历史新高，黄金公司的投资价值影响。

公司分析从如下几个方面进行：公司竞争能力（销售额、销售额的增长率、销售额的稳定性、销售额前景的预测）分析、公司盈利能力（毛利率、资产周转率、投资收益率、销售收益率、普通股产权收益率、每股税后盈利额）分析、公司财务状况分析。

（一）主要财务指标

1. 每股收益

每股收益（EPS）是指税后利润与股本总额的比率。它是本年净收益与普通股份总数的比值，是测定股票投资价值的重要指标之一。

2. 净资产收益率

净资产收益率的计算公式为

$$净资产收益率＝净利润/平均股东权益×100\%$$

净资产收益率是衡量上市公司盈利能力的主要指标，该指标越高，说明投资带来的收益越高。

3. 市盈率

市盈率是指某种股票每股市价与每股盈利的比率。计算公式为

$$市盈率＝普通股每股市场价格/普通股每年每股盈利$$

想一想
为什么金融行业、钢铁行业与房地产业相比平均市盈率要低？

4. 换手率

换手率是指在一定时间内某个股在市场内交易转手买卖的频率。计算公式为

$$换手率＝一定时期的交易量/发行总股本×100\%$$

换手率在市场中是很重要的买卖参考，比技术指标和技术图形可靠。

3%是一个重要的分界，日换手率小于3%，表明该股处于冷清不活跃状态；日换手率在3%～7%时，表明该股已进入相对活跃状态；7%～10%的日换手率在强势股中经常出现，处于股价走势的高度活跃状态；日换手率在10%～15%的股票若不是在上升的历史高价区或者在中长期顶的时段，则意味着强庄股的大举运作；超过15%的日换手率后，若该股能够保持在当日密集成交区附近运行，则可能意味着该股后市具潜在的极大的上升能量，是超级强庄股的技术特征。

一般来讲，换手率高的情况大致分为三种。①相对高位成交量突然放大，主力派发的意愿是很明显的，对于这类个股规避风险的办法，就是回避高价股、回避前期曾大幅炒作过的股票。②新股是一个特殊的群体，上市之初其换手率较高。股票市场一度上演过新股不败的神话，然而，随着市场的变化，新股上市后高开低走成为现实。显然，换手率较高的股票不一定上涨。③底部放量、价位不高的强势股，是我们讨论的重点，其换手率高的可信程度较高，表明新资金介入的迹象较为明显，未来的上涨空间相对较大，底部换手越充分，上行中的抛压越轻。此外，目前市场的特点是局部反弹行情，换手率

较高的股票有望成为强势股。

5. 成交量

成交量是指当天成交的股票数量。一般情况下，成交量大且价格上涨的股票，趋势向好；成交量持续低迷时，一般出现在熊市或股票整理阶段，市场交投不活跃。成交量是判断股票走势的重要依据，也为分析主力行为提供了重要的依据。投资者应当密切关注成交量异常波动的股票。

6. 应用法则

1）价格随成交量的递增而上涨是市场行情的正常特性，此种量增价涨的关系表示股价将继续上升。

2）股价下跌，向下跌破股价形态、趋势线、移动平均线，同时出现大成交量是股价将深幅下跌的信号，强调趋势的反转。

3）股价随着缓慢递增的成交量而逐渐上涨，渐渐地走势突然成为垂直上升的爆发行情，成交量急剧增加，股价暴涨；紧接着，成交量大幅萎缩，股价急剧下跌，表示涨势已到末期，有转势可能。

4）温和放量。个股的成交量在前期持续低迷之后，出现连续温和放量形态，一般可以证明有实力资金介入。但这并不意味着投资者就可以马上介入，个股在底部出现温和放量之后，股价会随量上升，量缩时股价会适量调整。当持续一段时间后，股价的上涨会逐步加快。

5）突放巨量。其中可能存在多种情况，如果股价经历了较长时间的上涨过程后突放巨量，通常表明多空分歧加大，有实力资金开始派发，后市继续上涨将面临一定困难。经历深幅下跌后的巨量一般多为空方力量的最后一次集中释放，后市继续深跌的可能性较小，接近反弹或反转的时机。如果股市整体下跌，而个股逆势放量，在市场一片喊空声之时放量上攻，会造成十分醒目的效果。这类个股往往持续时间不长，随后反而加速下跌。

6）成交量也有形态，当成交量构筑圆弧底，而股价也形成圆弧底时，往往表明该股后市将出现较大上涨机会。

（二）技术分析

解决何时投资股票的问题主要运用技术面分析法。技术分析主要用于股市的短期指导。

技术分析是仅从证券市场行为来分析证券价格未来变化趋势的方法。根据证券价格的历史数据，运用图表归纳分析研究以推测未来价格的走势。证券市场行为最基本的表现形式有价格、成交量、价量变化及时间因素。

技术分析理论建立在三个假设上：①市场行为包含一切信息；②价格沿趋势移动；③历史会重演。

技术分析理论包括 K 线理论、切线理论、形态理论、指标理论、道氏理论。

日 K 线是根据股价（指数）一天的走势中形成的四个价位（即开盘价、收盘价、最高价、最低价）绘制而成的。若收盘价高于开盘价，则开盘价在下，收盘价在上，二者之间的长方柱用红（白）色或空心绘出，称为阳线。其上影线的最高点为最高价，下影线的最低点为最低价。若收盘价低于开盘价，则开盘价在上，收盘价在下，二者之间的长方柱用黑（绿）色或实心绘出，称为阴线。其上影线的最高点为最高价，下影线的最低点为最低价。

K 线图源于日本江户时代的米市，其构造为上影线、下影线及实体，是以单位时间的开盘价、收盘价、最高价和最低价用蜡烛形连接起来的图形。按不同时间，分为日 K 线图、周 K 线图、月 K 线图、年 K 线图及分钟 K 线图等。

根据开盘价与收盘价的波动范围，可将 K 线分为极阴、极阳，小阴、小阳，中阴、中阳和大阴、大阳等线型。它们一般的波动范围见图 3.3 和图 3.4。

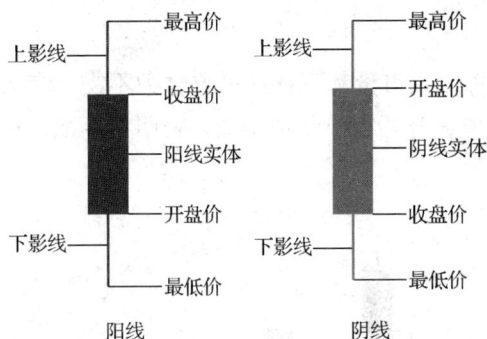

图 3.3　单只阳、阴线 K 线图　　　图 3.4　多种阳、阴 K 线图形态

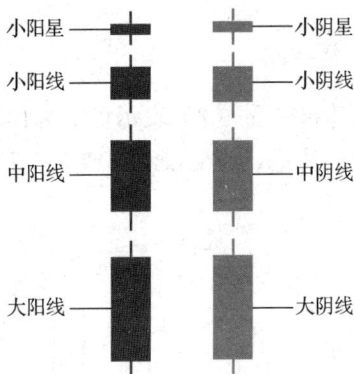

极阴线和极阳线的波动范围一般在 0.5%左右；小阴线和小阳线的波动范围一般在 0.6%～1.5%；中阴线和中阳线的波动范围一般在 1.6%～3.5%；大阴线和大阳线的波动范围在 3.6%以上。

1. 早晨之星

早晨之星（图 3.5）底部反转形态出现在长期下跌或暴跌之后，上升回调后准确率比较高。另外，成交量相应放大是重要的验证信号。谨慎的投资者可以把这看成一个提示信号。

2. 黄昏之星

黄昏之星（图 3.6）经常出现在上升趋势中，预示上涨行情可能不会维持太久，即将发生反转，出现在突破前期高点附近，几乎可以肯定是反转信号。

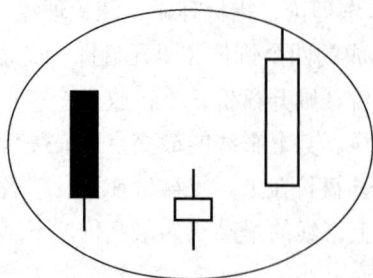 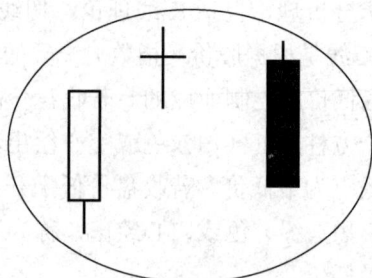

图 3.5　早晨之星　　　　　　　　　图 3.6　黄昏之星

3．红三兵

红三兵（图 3.7）表示可能见底回升，且每日收市价都上移，一般出现在市场见低回升的初期，虽然升幅不大但是相当稳定。

4．三乌鸦

三乌鸦（图 3.8）表示可能见顶回落，且每日收市价都下移，多方体力不支，有大厦将倾的忧虑，成交量温和放大，市场的杀跌能量开始有节制地释放，表明市场随后可能加速下滑。

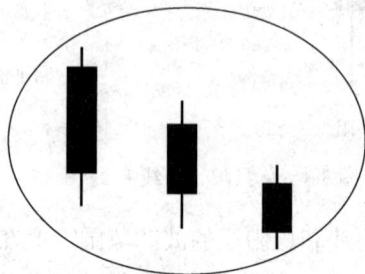

图 3.7　红三兵　　　　　　　　　图 3.8　三乌鸦

5．上升三部曲

上升三部曲（图 3.9）由五条 K 线组成，表示行情将上升。它不是转势信号，只是表示升势持续的巩固信号。

6．下降三部曲

下降三部曲（图 3.10）表示行情将要下跌，分析要诀与上升三部曲相反，对成交量的强调不如上升三部曲突出。

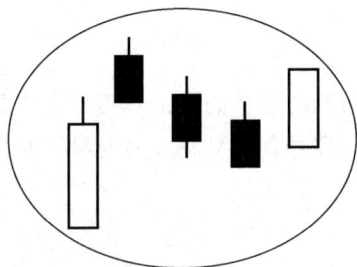

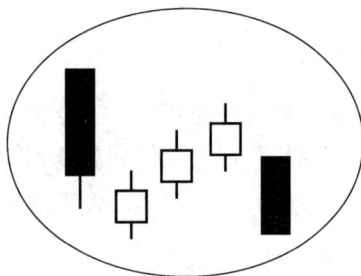

图 3.9　上升三部曲　　　　　　　　　图 3.10　下降三部曲

投资者的选股依据如下：①积极参与市场热点；②重点抓强势板块中的龙头股；③上市公司公告蕴藏一定的个股机会；④利用各种技术工具已帮助优化买卖时机；⑤避开高风险的"地雷"股；⑥中低价、小盘成长股优先选择的原则。

（三）股票交易的流程

股票交易的流程如下。

1）开户（证券账户、资金账户）。

2）委托（内容：代码、数量、最小变动单位、市价限价）。

3）成交（集合、连续竞价原则）。

4）清算交割。

5）过户。

投资者如要进行在上海证券交易所上市证券的投资，首先要去上海证券中央登记结算公司在各地的开户代理机构处申请开立证券账户；然后选择一家证券公司的营业部作为自己买卖证券的代理人，开立资金账户和办理指定交易。证券账户和资金账户开立以后，可以根据开户证券营业部提供的几种委托方式选择其中的一种或几种进行交易；证券营业部通常提供的委托方式有柜台委托、自助终端委托、电话委托、网上交易等。所有的交易由上海证券交易所的计算机交易系统自动撮合完成，无须人工干预。

任务二　债券市场指标解读

核心指标

债券直接收益率

债券到期收益率

持有期收益率

贴水债券收益率

一、债券概述

债券是一种有价证券，是社会各类经济主体为筹措资金而向债券投资者出具的，并且承诺按一定利率定期支付利息和到期偿还本金的债券债务凭证。因为债券的利息通常是事先确定的，所以债券又被称为固定利息证券。

（一）债券的基本要素

债券的基本要素包括债券的票面价值、债务人与债权人、债券的价格、还本期限、债券利率。

1）债券的票面价值。债券要注明面值，而且都是整数，还要注明币种。

2）债务人与债权人。债务人筹措所需资金，按法定程序发行债券，取得一定时期资金的使用权及由此带来的利益，同时又承担举债的风险和义务，按期还本付息；债权人定期转让资金的使用权，有依法或按合同规定取得利息和到期收回本金的权利。

3）债券的价格。债券是一种可以买卖的有价证券，有价格。债券的价格从理论上讲是由面值、收益和供求决定的。

4）还本期限。债券的特点是要按原来的规定，期满归还本金。

5）债券利率。债券是按照规定的利率定期支付利息的。利率主要是双方按法规和资金市场情况进行协商确定下来，共同遵守。

此外，债券还有提前赎回、税收待遇、拖欠的可能性、流通性等方面的规定。

（二）债券的特征

债券作为一种债权债务凭证，是重要的融资手段和金融工具，它与其他有价证券一样，也是一种虚拟资本，而非真实资本，它是经济运行中实际运用的真实资本的证书。从投资者的角度看，债券具有四个特征，即偿还性、流通性、安全性和收益性。

议一议

债券与股票有什么异同之处？

小看板

债　券

2020年11月20日，中国人民银行发布《2020年10月份金融市场运行情况》报告，2020年10月，债券市场共发行各类债券4.8万亿元。其中，国债发行7831.1亿元，地方政府债券发行4429.3亿元，金融债券发行5968.3亿元，公司信用类债券发行1万亿元，资产支持证券发行1225.4亿元，同业存单发行1.8万亿元。截至2020年10月末，债券市场托管余额为114.6万亿元。其中，国债托管余额为19万亿元，地方政府债券托管余额为25.5万亿元，金融债券托管余额为27万亿元，公司信用类债券托管余额为 25.6 万亿元，资产支持证券托管余额为 4.1 万亿元，同业存单托管余额为 11.1 万亿元。

（资料来源：沟通交流，2020. 2020 年 10 月份金融市场运行情况[EB/OL]. （2020-11-20）[2021-01-22].
http://www.pbc.gov.cn/goutongjiaoliu/113456/113469/4130979/index.html.）

（三）债券的类型

对债券可以从不同的角度进行分类，并且随着人们对融通资金需要的多角化，不断会有各种新的债券形式产生。目前，按发行主体，可将债券分为国债、公司债券、金融债券和可转换债券。

1. 国债

国债是中央政府为筹集财政资金而发行的一种政府债券，即中央政府向投资者出具的、承诺在一定时期支付利息和到期偿还本金的债权债务凭证。

国债按券面形式可分为三大品种，即无记名式（实物）国债、凭证式国债和记账式国债。其中，无记名式（实物）国债已不多见，凭证式国债和记账式国债为目前国债的主要券面形式。

（1）凭证式国债

凭证式国债是指国家采取不印刷实物券，而用填制"国库券收款凭证"的方式发行的国债。我国从 1994 年开始发行凭证式国债。凭证式国债其票面形式类似银行定期存单，利率通常比同期银行存款利率高，具有类似储蓄又优于储蓄的特点，通常被称为"储蓄式国债"，是以储蓄为目的的个人投资者可以采用的理想投资方式。

凭证式国债通过各银行储蓄网点和财政部门国债服务部面向社会发行，主要面向老百姓，从投资者购买之日起开始计息，可以记名和挂失，但不能上市流通。

（2）记账式国债

记账式国债又称无纸化国债，是指将投资者持有的国债登记于证券账户中，投资者仅取得收据或对账单以证实其所有权的一种国债。

我国从 1994 年推出记账式国债。记账式国债的券面特点是以无纸化形式发行。购买国债时银行不再提供任何实物、纸张单据给投资者，而是在其债券账户上记上一笔。

2. 公司债券

公司债券是指公司依照法定程序发行、约定在一年以上期限内还本付息的有价证券。

3. 金融债券

金融债券是由银行和非银行金融机构依照法定程序发行并约定在一定期限内还本付息的有价证券。

4. 可转换债券

可转换债券简称转债，是一种可以在特定的时间、按特定的转换条件转为普通股股票的特殊的企业债券。可转换债券兼具股票和债券的特征，持有可转换债券的投资者可以在转换期内将债券转换为股票，也可以选择持有债券到期，收取本金和利息，或者在市场上出售变现。

（四）债券回购

债券回购是指债券买卖双方在进行债权交易的同时就约定于未来某一时间以约定的价格（本金和按约定回购利率计算的利息），由债券的"卖方"向"买方"再次购回该笔债券的交易行为。债券回购券种只能是国库券和经中国人民银行批准发行的金融债券。

议一议

个人投资者能够选择哪些债券投资？

二、债券投资

（一）债券指数

债券指数主要包括国债指数与企业债指数。

国债指数是在交易所上市的所有固定利率国债为样本，按照国债发行量加权而成。例如，上证国债指数是以上海证券交易所上市的所有固定利率国债为样本，按照国债发行量加权而成。上证国债指数自 2003 年 1 月 2 日起对外发布，基日为 2002 年 12 月 31 日，基点为 100 点，代码为 000012。

企业债指数是上海证券交易所编制的反映中国证券市场企业债整体走势和收益状况的指数。上证企业债指数以 2002 年 12 月 31 日为基日，基点为 100 点，2003 年 6 月 9 日正式发布。

（二）主要债券指标

1. 债券直接收益率

债券直接收益率也称当期收益率，即只考虑债券利息收入的收益率。其计算公式为

$$直接收益率＝年利息/购买价格$$

2. 债券到期收益率

债券到期收益率是指债券持有者将债券保存到还本期满时所应得到的收益。其计算公式为

$$到期收益率＝[年利息＋（面值－买入价）/偿还期限]/买入价$$

3. 债券持有期收益率

债券持有期收益率是指债券投资者从购买债券并持有至卖掉债券为止的期限收益

率。其计算公式为

债券持有期收益率＝[年利息＋（卖出价－买入价）/持有年限]/买入价

4. 贴水债券收益率

贴水债券是以低于票面金额的价格发行，到期后以票面金额偿还的债券，其发行价与票面价的差额为债券利息。贴水债券收益率是票面金额与认购价格之差与发行价的比率。

> **算一算**
>
> 计算国内主要债券品种的平均收益率。

5. 债券价格

债券价格是指在债券买卖中形成的价格。无论是债券的发行市场，还是交易市场，都要标有一定的价格。债券价格主要分为发行价格和交易价格。发行价格又可分为平价发行、折价发行和溢价发行。

任务三　基金市场指标解读

> **核心指标**
>
> 单位净值（net asset value，NAV）
> 基金份额累计净值
> 回报率
> 基金市盈率
> 折价率

证券投资基金是指通过发售基金份额，将众多投资者的资金集中起来，形成独立资产，由基金托管人托管，基金管理人管理，以投资组合的方法进行证券投资的一种利益共享、风险共担的集合投资方式。

投资基金是一种集合投资、专业理财、分散风险、收益共享的金融产品和投资工具。它又是金融信托的一种，通过向投资者发行股份或受益凭证的形式，汇集众多不确定的投资者的零散资金组成基金，然后交由专门的投资机构进行投资，投资收益由原投资人按出资比例分享，投资机构收取一定的管理费用，主要从事股票、债券等金融工具的投资。

一、开放式基金

开放式基金是指基金发行总额不固定（超过 2 亿元），基金单位总数随时增减，投资者可以按基金的报价在国家规定的营业场所申购或赎回基金单位的一种基金。根据能否在证券交易所挂牌交易，开放式基金可分为上市交易型开放式基金和契约型开放式基金。

判断开放基金好坏的主要财务指标如下。

（一）单位净值

单位净值（或称单位基金资产净值、基金份额净值），即每份基金单位的净值，等于基金的总资产减去总负债后的余额再除以基金的单位份额总数。单位净值的计算公式为

单位净值=（总资产-总负债）/基金的单位份额总数

单位净值也是买卖基金时的基金价格。如果基金成立已经有一段相当长的时间，或自成立以来成长迅速，基金净值自然就会比较高；如果基金成立的时间较短或进场时点不佳，都可能使基金净值相对较低。因此，如果只以现时基金净值的高低作为是否要购买基金的标准，就常常会做出错误的决定。购买基金要注意基金净值未来的成长性，这才是正确的投资方针。净值的高低除了受基金经理管理能力的影响，还受很多其他因素的影响。

（二）累计单位净值

累计单位净值与单位净值的区别就在于"累计"这个词。基金份额累计净值包含以前的分红金额，而单位净值是不包括的。因此有

累计单位净值=单位净值+基金成立后份额的累计分红金额

或

累计单位净值=单位净值+基金成立后累计单位派息金额

例如，某基金曾经分红过，分红为每 10 份派 0.2 元。如果当天公布的基金份额净值为 1.02 元，份额累计净值就是 1.02+（0.2/10）=1.04 元。基金累计净值是指基金最新净值与成立以来的分红业绩之和，体现了基金从成立以来所取得的累计收益（减去 1 元面值即是实际收益），可以比较直观和全面地反映基金在运作期间的历史表现，结合基金的运作时间，则可以更准确地体现基金的真实业绩水平。基金累计净值只表明这只基金历史上为持有人赚过多少钱，表明基金总体的业绩水平。基金净值的高低并不是选择基金的主要依据，基金净值未来的成长性才是判断投资价值的关键。

想一想　单位净值与累计单位净值高的基金一定好吗？

（三）回报率

回报率=（总收益-总成本）/总成本。一般来说，回报即收益，主要由资本利得（基金价格波动产生的差价）和资本红利（在特定的时候所派发的分红）组成。

衡量基金回报率最重要的指标是基金投资收益率，即基金证券投资实际收益与投资成本的比率。投资回报率的值越高，基金证券的收益能力越强。若基金证券的购买与赎回要缴纳手续费，则计算时应考虑手续费因素。

例如，某只开放式基金上年末的单位净值为 1 元，本年末的单位净值为 1.05 元，则该基金在本年度的总回报为 5%，计算方法为（1.05-1）/1=5%。这一计算并没有考虑基金的分红情况和费用（申购费、赎回费、管理费、托管费等）。费用因素比较复杂，仅对考虑基金分红的总回报做进一步分析。

二、封闭式基金

封闭式基金是指基金的发起人在设立基金时，事先确定发行总额，筹集到这个总额的 80%以上时，基金即宣告成立，并进行封闭（一般 8～15 年封闭期，期满清盘），在封闭期内不再接受新的投资。

封闭式基金可上市交易，不能赎回或购买。由于封闭式基金在证券交易所的交易采取竞价的方式，因此其交易价格受到市场供求关系的影响而并不必然反映基金的净资产值，即相对其净资产值，封闭式基金的交易价格有溢价、折价现象。

判断封闭式基金好坏的主要财务指标如下。

1. 基金市盈率

基金市盈率是指在一个考察期（通常为 12 个月的时间）内，基金的价格和每股收益的比率。投资者通常利用该比率值估量某基金的投资价值，或者用该指标在不同基金品种之间进行比较。基金市盈率通常用来作为比较不同价格的基金是否被高估或者低估的指标。市盈率的计算公式为

基金市盈率=普通股每股市场价格/普通股每年每股盈利

每股盈利的计算方法是用该企业在过去 12 个月的净收入除以总发行已售出股数。市盈率越低，代表投资者越能够以较低价格购入基金以取得回报。理论上，在其他条件相同的情况下，基金的市盈率越低就越值得投资。比较不同行业、不同国家、不同时段的市盈率是不大可靠的，比较同类基金的市盈率较有实用价值。

2. 折价率

当封闭式基金在二级市场上的交易价格低于实际净值时，这种情况称为折价。除投资目标和管理水平外，折价率是评估封闭式基金的一个重要因素。国外解决封闭式基金大幅度折价的方法有封闭转开放、基金提前清算、基金要约收购、基金单位回购、基金管理分配等。折价率的计算公式为

$$折价率=（单位份额净值-单位市价）/单位份额净值$$

折价率大于 0（净值大于市价）时为折价，折价率小于 0（净值小于市价）时为溢价。

在牛市中，一方面，封闭式基金的份额不变，不具备开放式基金的规模优势；另一方面，封闭式基金封闭运作，没有应对赎回的压力，长期价值投资思维下缺乏积极的投资策略，对市场热点反应速度较慢，因此无法在牛市中引领市场，只能相对被动地分享牛市中的自然净值增长。开放式基金在牛市中容易得到投资者的青睐，净申购下基金规模增长，短时期基金还可以根据市况调整持仓比例，从而最大限度地创造和分享牛市成果，使其净值增长呈现超常规增长。相应地，在调整市道中，上述优劣势相互转化，而使封闭式基金抗风险能力大大强于开放式基金。

由于封闭式基金投资者以保险机构、合格的境外机构投资者（qualified foreign institutional investors，QFII）及其他机构投资者为主，通过跟踪发现，这些机构着力于中长线，一些品种短线指标略偏离正常区域，便迅速被市场发现。

> **议一议**
>
> 如何用折价率判断封闭式基金的投资价值？

三、基金投资

（一）基金的类型

按运行模式，基金可分为开放式基金与封闭式基金。

根据投资对象不同，投资基金可划分为股票基金、债券基金（bond fund）、货币市场基金、交易型开放式指数基金（exchange traded funds，ETF）、上市型开放式基金（listed open-ended Fund，LOF）、合格的境外机构投资者基金和合格的境内机构投资者（qualified domestic institutional investors，QDII）基金等。

1. 股票基金

股票基金是以股票为投资对象的投资基金，是投资基金的主要种类。股票基金的主要功能是将大众投资者的小额资金集中起来，投资于不同的股票组合。按照股票种类的不同，股票基金可以分为优先股基金和普通股基金。

股票基金具有以下特点。

1）与其他基金相比，股票基金的投资对象具有多样性，投资目的也具有多样性。

2）与投资者直接投资于股票市场相比，股票基金具有分散风险、费用较低等特点。

3）从资产流动性来看，股票基金具有流动性强、变现性高的特点。

2. 债券基金

债券基金是指以国债、金融债等固定收益类金融工具为主要投资对象的基金，因为其投资的产品收益比较稳定，又称"固定收益基金"。它通过集中众多投资者的资金，对债券进行组合投资，寻求较为稳定的收益。

债券基金具有以下特点。

1）低风险、低收益。债券收益稳定、风险也较低，相对于股票基金，债券基金风险低但回报率不高。

2）费用较低。由于债券投资管理不如股票投资管理复杂，因此，债券基金的管理费也相对较低。

3）收益稳定。投资于债券定期都有利息回报，债券发行人承诺到期还本付息，因此债券基金的收益较为稳定，适合不愿过多冒险、谋求当期稳定收益的投资者。

3. 货币市场基金

货币市场基金是指投资于货币市场上短期有价证券的一种基金。该基金资产主要投资于短期货币工具，如国库券、商业票据、银行定期存单、政府短期债券、企业债券等短期有价证券。

基金单位的资产净值是固定不变的，通常是每个基金单位1元。投资该基金后，投资者可利用收益再投资，投资收益就不断累积，增加投资者所拥有的基金份额。例如，某投资者以100元投资于某货币市场基金，可拥有100个基金单位，1年后，若投资报酬是8%，那么该投资者就多8个基金单位，总共拥有108个基金单位，价值108元。

货币市场基金的特点如下。

1）货币市场基金与其他投资于股票的基金最主要的不同在于基金单位的资产净值是固定不变的，通常是每个基金单位1元。

2）衡量货币市场基金表现的标准是收益率，这与其他基金以净资产价值增值获利不同。

3）流动性好、资本安全性高。

4）风险性低。

5）投资成本低。

6）货币市场基金均为开放式基金。

议一议

怎样取得股票基金、债券基金与货币市场基金？

4. 交易型开放式指数基金

交易型开放式指数基金（ETF）是一种跟踪"标的指数"变化且在证券交易所上市交易的基金。投资者既可以在二级市场买卖ETF份额，又可以向基金管理公司申购或赎回ETF份额，不过申购和赎回必须以一篮子股票（或有少量现金）换取基金份额或者以基金份额换回一篮子股票（或有少量现金）。

ETF通常由基金管理公司管理，基金资产为一篮子股票组合，组合中的股票种类与某一特定指数（如上证 50 指数）包含的成分股构成比例一致。例如，上证 50 指数包含中国联通、浦东发展银行等 50 只股票，上证 50 指数 ETF 的投资组合也应该包含中国联通、浦东发展银行等 50 只股票，且投资比例同指数样本中各只股票的权重对应一致。换句话说，指数不变，ETF 的股票组合不变；指数调整，ETF 投资组合要做出相应调整。

5. 上市型开放式基金

上市型开放式（LOF）基金是指通过深圳证券交易所交易系统发行并上市交易的开放式基金。LOF 基金发行结束后，投资者既可以在指定网点申购与赎回基金份额，也可以在交易所买卖该基金。不过投资者如果是在指定网点申购的基金份额，想要上网抛出，须办理一定的转托管手续；同样，如果是在交易所网上买进的基金份额，想要在指定网点赎回，也要办理一定的转托管手续。

LOF 基金的投资者既可以通过基金管理人或其委托的销售机构以基金份额净值进行基金的申购、赎回，又可以通过交易所市场以交易系统撮合的成交价进行基金的买入、卖出。

6. 合格的境外机构投资者基金

合格的境外机构投资者基金是指被允许把一定额度的外汇资金汇入并兑换为当地货币，通过严格监督管理的专门账户投资当地证券市场的境外基金管理机构、保险公司、证券公司及其他资产管理机构的基金。合格的境外机构投资者被允许把包括股息及买卖价差等在内的各种资本所得经审核后可转换为外汇汇出，实际上就是对外资有限度地开放本国证券市场。

7. 合格的境内机构投资者基金

合格的境内机构投资者基金是指合格的境内机构投资者通过设立若干以外币为单位的封闭式基金来投资境外证券市场的基金。

合格的境内机构投资者是指在资本项目未完全开放的情况下，允许政府所认可的境内金融投资机构到境外资本市场投资的机制。

国内首只合格的境内机构投资者基金由华安基金公司和雷曼兄弟携手推出，该产品允许投资海外市场股票、债券等品种。目前，合格的境内机构投资者基金只能使用外币购买，募集对象主要为持有外汇，并具有一定风险承受能力的机构和个人投资者。

（二）如何挑选基金

怎样才能选择一只适合自己的基金，从而分享中国经济成长和市场上扬的利润呢？

1. 在挑选基金时，选一个值得信赖的基金公司

基金的诚信与经理人的素质，以长期的眼光来看，其重要性甚至超过基金的绩效。

以下是一个值得信赖的基金公司所必备的条件。

1）公司诚信度。基金公司最基本的条件，就是必须以客户的利益最大化为目标，内控良好，不会公器私用。

2）基金经理人的素质和稳定性。变动不断的人事很难传承具有质量的企业文化，对于基金操作的稳定性也有负面的影响。

3）产品线广度。产品种类越多的公司对客户越有利。

4）客户人数。总客户人数越多，基金公司经营风险越小。

5）旗下基金整体绩效。基金要为投资人赚钱，绩效当然重要。看一家公司旗下基金的业绩是否整齐均衡，可以了解其绩效水平。

6）基金资产规模与经理人的操盘经验。投资者需要选择具有一定历史，资产管理规模庞大的基金公司及投资经历过多空头市场博弈、富有实战操盘经验的基金经理人所管理的基金。

7）服务质量。这是作为客户的基本权益。服务质量好的公司，通常代表公司以客户利益为归依的文化特质。

2. 投资者在投资基金前先要做好一系列充分的准备工作

（1）了解所投资基金的投资目标属于何种类型

作为投资基金的投资者需要了解所投资基金的投资目标属于何种类型，如积极成长型、收益稳定型或防御型基金。投资者在投资前只有充分了解基金的投资特性并确定其属性是否符合本身需求，才能做出最适当的选择。

（2）投资者需要了解基金的投资策略

投资者需要了解基金的投资策略，如价值投资型基金或成长型基金，并配合国际资本市场的变化进行正确的选择。

（3）了解所要投资基金的风险与绩效

投资者必须了解所要投资基金的风险与绩效，因为在投资基金的过程中，风险与收益同等重要；而且投资者应以基金长期绩效作为投资的参考，并与其他同类型的基金相互比较以对投资基金的绩效有全面的了解。

（4）在投资前必须先弄清投资基金所包含的费用

通常投资基金包括基金公司收取的管理费、通过银行申购时的手续费及适当的保管费。一般情况下，股票型基金的申购手续费比债券型基金高。从投资基金的角度考虑，为了降低投资成本，应该选取管理费用较低的基金进行投资。

3. 挑选基金时，必须对基金的绩效进行评估

基金的操作绩效，等于买这只基金的投资报酬率。报酬率分为两种：累积报酬率和平均报酬率。累积报酬率是指在一段时间内，基金单位净值累计成长的幅度。平均报酬率是指基金在一段时间内的累积报酬率换算为以复利计算后每年的报酬率。

平均报酬率之所以重要，是因为基金过去的平均报酬率可以当作基金未来报酬率的重要参考。一只基金如果过去 10 年来平均年报酬率是 15%，则通常可以预期其未来的报酬率也应当维持这样的水平。一般来说，有了预期报酬率之后，财务计算或规划就可以进行了。

要看一只基金操作得好不好，光看绝对报酬率是不够的，还要和其业绩基准（benchmark）做比较。评估一只基金的表现时，首先要看这只基金的表现是不是比业绩标准好，然后进行比较。

议一议　为何有的基金表现好，有的基金表现一般？

作为一只基金，主要的投资方式还是偏重股票的投资。下面就以"大成优选"基金为案例进行基金的投资分析。

大成优选基金所选择的股票主要分为券商股票和钢铁类的股票。当我们确定一只基金是否适合我们投资，主要有以下步骤。

1）分析基金所投资的股票板块，是否是市场行情的主流。

2）查找基金资料，按软件上的 F10 键将会出现一个关于基金的详细信息。

3）对于基金投资新手来说，可以用先前讲解过的一个指标——折价率来分析。通过分析基金净值和现价的关系可以知道是否值得投资。

如果是专业人员肯定会选择技术分析来进行操作。可是如果只是一般散户，那么用一个很简单的方法就可以完成操作。首先选择偏股票型的基金，由于该类基金的业绩主要和大盘的指数挂钩，在大盘暴跌的当天，可以马上介入；然后在心理价位来临的时候就可以毫不犹豫地卖出。

卖出基金的几种方法（以开放式的基金进行说明）如下。

1）银行临柜交割。最安全，但手续费是最高的。

2）网上交割。最便捷，手续费适中。

3）基金公司交割。总体而言比较适中，手续费也是最便宜的。

（三）购买基金的方法

1．购买封闭式基金的方法

封闭式基金的基金单位像普通上市公司的股票一样在证券交易市场挂牌交易。因此，买封闭式基金跟买卖股票一样，要到证券营业部购买。

1）先到证券公司咨询相关事宜。

2）在开始买卖封闭式基金之前，要到你所选定的证券公司指定的有协作关系、联网的银行办理银行卡，并开通银证转账（现为第三方存管），存入现金。

3）带上自己的身份证到证券公司开立股东账户和资金账户（也就是保证金账户）。签订委托协议，取得沪深两市股东席位，获得相关密码和资料。之后，可以通过证券营业部委托申报或通过无形报盘、电话委托申报买入和卖出基金单位。

4）可以在自家专用计算机上登录证券公司网站下载交易软件，按提示进行注册，并修改和设定相关密码。记录好相关数据并秘密保存和熟记于心。在家里就可以自己操作买卖封闭式基金。

5）选择好交易对象，设定目标价位进行交易。

2. 购买开放式基金的方法

开放式基金开户首先需要准备一张身份证复印件，即可认购、申购、赎回该基金管理公司旗下所有基金品种。然后分两种情况进行开放式基金的认购或申购活动。

已在证券部开有资金账户，需要：①身份证原件及复印件；②填写开放式基金开户申请表（无开户费）。

若没有在证券部开有资金账户，则可以到基金公司代理银行进行开户而不必到证券公司去办理开户手续，到银行办理开户手续需要的资料及具体流程如下。

1）开户人身份证原件及两张以上复印件。

2）一张开户银行借记卡（银行办理）。

3）填写开放式基金开户申请表（无开户费）。

开户后即可在证券部通过现场委托、电话委托、网上委托进行认购、申购、赎回所开基金管理公司旗下所有基金品种。

3. 货币基金的申购

货币基金通过以下几种方式进行申购。

1）到银行网点申购。可办理货币基金的银行有中国银行、中国农业银行、中国工商银行、中国建设银行、中国交通银行、招商银行等。通常营业网点都有专门营业人员负责此业务。

2）到有代销资格的券商营业部购买。大部分大型券商（比如海通证券、国泰君安等）开通了货币基金申购通道，投资者可以直接到这些券商的营业部申购。

3）直接到基金公司直销柜台申购。

4）部分基金公司为中国银联会员开通了网上申购服务，投资者足不出户即可申购。例如，泰信、华安基金管理有限公司旗下的泰信天天收益、华安现金富利基金就开通了此功能。

4. 买卖基金的费用

1）销售手续费。投资者在买基金时，需要向基金的销售机构付一定的手续费，目前国内基金的销售手续费费率一般在基金金额的 1%～1.5%。

2）赎回费。除货币基金等少数基金以外，多数基金在赎回的时候还要收取赎回费，主要是支付在赎回时的操作费用。一般的赎回费率在赎回金额的 0.5%左右。

3）基金管理费。基金是委托专家理财，应该付给专家，也就是基金公司一定的管理费。目前国内的年管理费率一般在 0.3%～1.5%，视投资目标和管理的难易程度而有所区别。

4）托管费。基金的管理原则是"投资与托管分离"。托管机构负责基金资产的保管、交割等工作，同时还有监督基金公司的职能，所以需要付给托管机构托管费。一般在国内，年托管费在基金资产净值的 0.25%左右。

各种费用的收取和计算方法，在基金合同和招募说明书中都会清楚载明，投资者应该仔细阅读这些文件。

算一算

选择一只基金计算其买卖一次的费用各是多少？

四、几种新型基金

小看板

2021 年我国私募股权交易额创 10 年新高

全球领先的战略咨询公司贝恩咨询公司（以下简称贝恩公司）2022 年 4 月 26 日发布的《2022 年中国私募股权市场报告》显示，2021 年，中国私募股权市场年投资交易额创下 10 年新高，达到 1280 亿美元。

贝恩公司全球合伙人、大中华区私募股权和兼并收购业务主席周浩表示："中国仍是全球私募股权引人瞩目的市场之一。尽管去年的交易数字非常亮眼，私募股权投资者仍需明确价值创造的抓手，进一步关注符合政策风向的行业选择，并在商业尽调中加强风险评估和下行保护。"

报告显示，2021 年，中国市场的投资交易额和交易量均保持活跃，成长型投资继续主导投资市场，占全年交易总额的 65%。2021 年下半年，投资热点转向半导体、电动汽车和可再生能源，而传统线上服务和电商行业逐渐降温。

展望未来，科技行业依然占据风口高地，且保持热度。

（资料来源：范子萌，2022. 贝恩：今年私募股权投资交易或将放缓 科技行业仍将保持热度[EB/OL].（2022-04-27）[2022-05-10]. https://news.cnstock.com/news,bwkx-202204-4870979.htm.）

我们知道，基金的家族十分庞大，除了上面提到的这些常见的类型，近年来，私募股权投资基金、风险投资基金发展迅速。那么它们分别是什么含义？又有何特点呢？如何运作和投资呢？

（一）私募股权投资概述

从投资方式角度看，私募股权投资是指通过私募形式对私有企业，即非上市企业进行的权益性投资，在交易实施过程中附带考虑了将来的退出机制，即通过上市、并购等方式，出售持股获利。

广义的私募股权投资为涵盖企业首次公开发行前各阶段的权益投资，相关资本按照投资阶段可划分为创业投资（venture capital）、发展资本（development capital）、并购基金（buyout/buyin fund）、夹层资本（mezzanine capital）等。

狭义的私募股权投资主要是指对已经形成一定规模的，并产生稳定现金流的成熟企业的私募股权投资部分，即创业投资后期的私募股权投资部分，而其中并购基金和夹层资本在资金规模上占最大的一部分。在我国私募股权投资主要是指这一类投资。

知识链接

并购基金和夹层资本

并购基金是指专注于对目标企业进行并购的基金，其投资手法是通过收购目标企业股权，获得对目标企业的控制权，然后对其进行一定的重组改造，持有一定时期后再出售。并购基金与其他类型投资的不同表现在，并购基金选择的对象是成熟企业，而且并购基金意在获得目标企业的控制权。

夹层资本是指在风险和回报方面介于优先债权投资（如债券和贷款）和股本投资之间的一种投资资本形式。夹层投资通常提供形式非常灵活的较长期融资，付款事宜也可以根据公司的现金流状况确定。夹层资本一般偏向于采取可转换公司债券和可转换优先股之类的金融工具。

如果说证券投资是发现价值，私募股权投资则是创造价值，在帮助企业成长的过程中，与企业一起成长。私募股权投资与证券投资的比较见表3.1。

表 3.1　私募股权投资与证券投资的比较

比较项	私募股权投资	证券投资
理念	创造价值	发现价值
门槛	较低，容易介入，办理手续后即可交易	较高，需要融资的资源和企业的资源
收益率	较高，按几倍甚至几十倍算	通常按百分比计算
募集方式	私募	公开发行或定向发行
投资期限	较长，一般可达3～5年或更长，属于中长期投资	可长可短

（二）进行私募股权投资的方法

1. 成立私募股权投资资金

在中国投资的私募股权投资基金有四种。一是专门的独立投资基金，拥有多元化的资金来源。二是大型的多元化金融机构下设的投资基金。这两种基金具有信托性质，它们的投资者包括养老基金、大学和机构、富有的个人、保险公司等。三是关于中外合资产业投资基金的法规出台后，一些新成立的私募股权投资基金。四是大型企业的投资基金，这种基金的投资服务于其集团的发展战略和投资组合，资金来源于集团内部。

有趣的是，美国投资者偏好第一种独立投资基金，认为这类基金的投资决策更独立，而且第二种基金可能受母公司的干扰；而欧洲投资者更喜欢第二种基金，认为这类基金因母公司的良好信誉和充足资本而更安全。

资金来源的不同会影响投资基金的结构和管理风格，这是因为不同的资金要求不同的投资目的和战略，对风险的承受能力也不同。

2. 选择项目

为了控制风险，投资者通常对投资对象提出以下要求。

1）具备优质的管理团队和较高的管理效率。

2）至少有 2～3 年的经营记录，有巨大的潜在市场和潜在的成长性，并有令人信服的发展战略计划。

3）行业和企业规模（如销售额）。多数私募股权投资者不会投资房地产等高风险的行业和他们不了解的行业。

4）估值和预期投资回报。通常投资人要求的投资回报率可达 25%～30%。

5）3～7 年后上市的可能性，这是主要的退出机制。

3. 设计投资方案

投资方案设计包括估值定价、董事会席位、退出策略、确定合同条款清单并提交投资委员会审批等步骤。因为投资方和引资方的出发点和利益不同，双方经常在估值和合同条款清单的谈判中产生分歧，解决这些分歧的技术要求较高，所以不仅需要谈判技巧，还需要会计师和律师的协助。

4. 实际投资和实施监管

统计显示，只有 20% 的私募股权投资项目能带给投资者丰厚的回报，因此，投资者一般不会一次性注入所有投资，而是采取的分期投入方式，每次投资以企业达到事先设定的目标为前提。实施积极有效的监管是降低投资风险的必要手段，但需要人力和财力的投入，会增加投资者的成本，因此不同的基金会决定恰当的监管程度，包括采取有效的报告制度和监控制度、参与重大决策、进行战略指导等。

5. 退出投资，获得回报

退出策略是投资者在开始筛选企业时就十分注意的因素，包括上市、出让、股票回购、卖出期权等方式。上市是投资回报最高的退出方式。由于国内股票市场规模较小、上市周期长、难度大，很多外资基金都会在海外注册一家公司来控股合资公司，以便将来以海外注册的公司作为主体在海外上市。

（三）风险投资

风险投资（venture capital，VC）是指以高新技术为基础，生产与经营技术密集型产品的投资。根据美国全美风险投资协会的定义，风险投资是由职业金融家投入到新兴的、迅速发展的、具有巨大竞争潜力的企业中的一种权益资本。从投资行为的角度讲，风险投资是把资本投向蕴藏着失败风险的高新技术及其产品的研究开发领域，旨在促使高新技术成果尽快商品化、产业化，以取得高资本收益的一种投资过程。

风险投资是一种权益资本，而不是借贷资本。对于高科技创新企业来说，风险投资是一种昂贵的资金来源，但是它也许是唯一可行的资金来源。银行贷款虽然相对比较便宜，但是银行贷款回避风险，安全性第一，高科技创新企业无法得到它。

小贴士

风险投资与私募股权投资有何区别联系呢

它们的相似之处在于，都是通过私募形式对非上市企业进行的权益性投资，然后通过上市、并购或管理层回购等方式，出售持股获利。主要区别在于，风险投资投资于企业的前期，私募股权投资投资于后期。这使风险投资与私募股权投资在投资理念、规模上都不尽相同。私募股权投资对处于种子期、初创期、发展期、扩展期、成熟期和首次公开发行各个时期的企业进行投资，因此广义上的私募股权投资包含风险投资。

实际上，目前很多传统上的风险投资机构也介入私募股权投资业务，而许多传统上被认为专做私募股权投资业务的机构也参与风险投资项目，也就是说，私募股权投资与风险投资只是概念上的一个区分，在实际业务中两者界限越来越模糊。

（资料来源：白婧，2018. 当前中小企业融资问题的新思路：从私募股权投资和风险投资的角度[J].
中国商论，2018（17）：37-38.）

那么，又有哪些经济主体进行风险投资呢？

1. 投资主体

被称为"风险投资人"的投资主体可以分为以下四类。

1）风险资本家。他们是向其他企业家投资的企业家，风险资本家所投出的资本全部归其自身所有。

2）风险投资公司。种类有很多种，但是大部分通过风险投资基金来进行投资。

3）产业附属投资公司。往往是一些非金融性实业公司下属的独立风险投资机构，它们代表母公司的利益进行投资。这类投资公司通常主要将资金投向一些特定的行业。

4）天使投资人。通常投资于非常年轻的公司以帮助这些公司迅速启动。在风险投资领域，"天使投资人"一词是指企业家的第一批投资人，这些投资人在公司产品和业务成型之前就已经把资金投入进来。

2. 投资目的

风险投资虽然是一种股权投资，但投资并不是为了获得企业的所有权，也不是为了控股，更不是为了经营企业，而是通过投资和提供增值服务把投资企业做大，然后通过公开上市、兼并收购或其他方式退出，在产权流动中实现投资回报。

3. 投资方式

从投资性质看，风险投资的方式有三种：一是直接投资；二是提供贷款或贷款担保；三是提供一部分贷款或担保资金同时投入一部分风险资本购买被投资企业的股权。

风险投资还有两种不同的进入方式。一种是将风险资本分期分批投入被投资企业，这种情况比较常见，既可以降低投资风险，又有利于加速资金周转；另一种是一次性投入，这种方式不常见，一般风险资本家和天使投资人可能采取这种方式，一次投入后，很难也不愿提供后续资金支持。风险投资与银行贷款比较见表3.2。

表 3.2 风险投资与银行贷款比较

比较项	风险投资	银行贷款
安全性	偏好高风险项目，追逐高风险后隐藏的高收益，意在管理风险	讲安全性，回避风险
流动性	以不流动性为特点，平均投资期为5～7年	以流动性为本
收益性	放眼未来的收益和高成长性	关注企业的现状、企业目前的资金周转和偿还能力
偿还保证	不需抵押、担保	需要抵押、担保
投资目标	新兴的、有高速成长性的企业和项目	成长和成熟阶段的企业
投资人身份	既是投资者，又是经营者	仅仅是投资者（债权人）

风险投资从风险企业退出有三种方式：首次公开发行、出售或回购、破产清算。使风险企业达到首次公开上市发行是风险投资家的奋斗目标。破产清算则意味着风险投资可能一部分或全部损失。

（四）进行风险投资的方法

1. 寻找投资机会

投资机会可以来源于风险投资企业自行寻找、企业家自荐或第三人推荐。风险投资人根据企业家交来的投资建议书，对项目进行初次审查，并挑选出少数感兴趣者做进一步考察。

2. 调查评估

风险资本家会花 6～8 周的时间对投资建议进行十分广泛、深入和细致的调查，以检验企业家所提交材料的准确性，并发掘可能遗漏的重要信息；在从各个方面了解投资项目的同时，根据所掌握的各种情报对投资项目的管理、产品与技术、市场、财务等方面进行分析，以做出投资决定。

3. 寻求共同出资者

风险资本家一般会寻求其他投资者共同投资。这样，既可以增大投资总额，又能够分散风险。此外，通过辛迪加还能分享其他风险资本家在相关领域的经验，互惠互利。

4. 协商谈判投资条件

一旦投资和融资双方对项目的关键投资条件达成共识，作为牵头投资者的风险资本家就会起草一份"投资条款清单"，向企业家做出初步投资承诺。

5. 实现交易

只要事实清楚，一致同意交易条件与细节，双方就可以签署最终交易文件，投资即生效。

在美国，如果一个风险投资商对于创业项目的成功概率控制在10%左右，就已经非常成功了。因为任何一个成功的创业项目给风险投资商带来的回报可能是几十倍，甚至几百倍。这样，一个项目的成功收益往往可以大大高于其他九个项目失败而付出的成本。

知识链接

如何获得风险投资家的青睐

一份主要包含市场分析、竞争性分析、产品与服务、市场与销售、财务计划、主要经营管理者简历等资料的精心制作、逻辑严密的商业计划书是必不可少的，除此之外，还需要了解风险投资家们看重的若干要素。

顾客：什么驱使顾客买这种产品或服务？这种产品或服务解决了什么问题？为什么比替代品要好？为什么它值这个价钱？它值得你去向他人介绍你的使用经验吗？有顾客问过你他们能不能投资你的公司吗？

团队：团队，尤其是创业者个人需要具有的特质包括激情、坚韧、灵活性、学习能力、团队协作及对市场的深入了解。

机遇：投资人希望看到大创意（big ideas），哪些可以改变世界，能够改变人们的行为、文化或思维方式的创意。

商业模式：需要思考你是否具有一个可盈利的模式；一个可反复使用的模式；一个可扩展的模式；一个可预测的模式；一个可自我保护的模式。

（资料来源：作者根据相关资料整理。）

> **议一议**
>
> 如果你是风险投资家，你会投资怎样的企业？为什么？

指标解释

- IPO：就是 initial public offerings（首次公开发行）的简称。首次公开招股是指一家企业第一次将它的股份向公众出售。
- 股票指数：即股票价格指数，是由证券交易所或金融服务机构编制的表明股票行市变动的一种供参考的指示数字。
- 债券持有期收益率：债券投资者从购买债券并持有至卖掉债券为止的期限收益率。
- 债券到期收益率：债券持有者将债券保存到还本期满时所应得到的收益。
- 贴水债券收益率：票面金额与认购价格之差与发行价的比率。
- 基金单位净值：每份基金单位的净值，等于基金的总资产减去总负债后的余额再除以基金的单位份额总数。
- 回报率：（总收益-总成本）/总成本。回报即收益，主要由资本利得（基金价格波动产生的差价）和资本红利（在特定的时候所派发的分红）组成。
- 私募股权投资：指通过私募形式对私有企业（即非上市企业）进行的权益性投资。
- 风险投资：指以高新技术为基础，生产与经营技术密集型产品的投资。

核心指标解读要点

- 如何分析上证指数走势？它对投资个股有何作用？
- 如何利用市盈率分析选择股票？
- 如何利用成交量确定买卖时机？
- 举例说明如何计算债券到期收益率、持有期收益率？
- 如何依据单位净值判断基金？
- 单位净值与累计净值高的基金一定好吗？
- 为什么做期货价格分析要放眼全球？
- 如何利用持仓量、成交量与价格的关系把握合约的短期趋势？
- 如何进行私募股权投资？
- 如何进行风险投资？

【在线学习】

访问上海证券交易所网站 http://www.sse.com.cn/，进入"数据"栏目，单击"股票数据""债券数据""基金数据"等条目，了解资本市场的基本统计数据和相关信息。

项目四 外汇市场指标解读

学习目标

1. 知识目标

1）了解影响汇率的基本因素。
2）了解国际收支的基本含义。
3）熟悉外汇交易的一般步骤。

2. 能力目标

1）能分析人民币汇率的走势。
2）能解释国际储备变化的原因和经济影响。

情境导入

小金特别羡慕小李，因为小李的舅舅经常到国外出差，每次回国都给他带礼物，还有各种外国货币。听小李说，近年来人民币升值，国外的东西比几年前便宜。小金心里痒痒的，他准备好好学习，等拿到奖学金，也去国外看看，开阔一下视野。小金认真规划起来，开始在网上搜集旅游攻略。不过在碰到有关外国货币的问题时，小金有很多疑问：这个汇率该怎么看？怎么算？现在买合适还是等到快出发时再买划算？买多少合适？要是花不完怎么办？

思考：什么时候需要用到外汇？如果你也和小金一样策划一次跨国游，在"钱"的方面你会关注哪些事项？

任务一 汇率水平指标解读

核心指标

汇率
直接标价法（direct quotation）
间接标价法（indirect quotation）
美元标价法（US dollar quotation）
非农就业人口

小看板

何谓汇率

中国外汇交易中心的数据显示，25日人民币对美元汇率中间价报6.4283，较前一交易日上调125个基点。

中国人民银行授权中国外汇交易中心公布，2021年5月25日银行间外汇市场人民币汇率中间价为：1美元对人民币6.4283元，1欧元对人民币7.8503元，100日元对人民币5.9056元，1港元对人民币0.82794元，1英镑对人民币9.0986元，1澳大利亚元对人民币4.9822元，1新西兰元对人民币4.6370元，1新加坡元对人民币4.8387元，1瑞士法郎对人民币7.1653元，1加拿大元对人民币5.3343元，人民币1元对0.64503马来西亚林吉特，人民币1元对11.4382俄罗斯卢布，人民币1元对2.1668南非兰特，人民币1元对175.12韩元，人民币1元对0.57146阿联酋迪拉姆，人民币1元对0.58352沙特里亚尔，人民币1元对44.2189匈牙利福林，人民币1元对0.57094波兰兹罗提，人民币1元对0.9473丹麦克朗，人民币1元对1.2937瑞典克朗，人民币1元对1.2962挪威克朗，人民币1元对1.30414土耳其里拉，人民币1元对3.0912墨西哥比索，人民币1元对4.8776泰铢。

（资料来源：黄诗立，2021. 25日人民币对美元汇率中间价上调125个基点[EB/OL].（2021-05-25）[2021-07-25]. http://www.hn.chinanews.com/news/cjxx/2021/0525/420869.html.）

一、汇率

汇率就是两种货币的兑换比率，是以一种货币表示另一种货币的价格。

世界上常见的货币有50多种，如美元（USD）、欧元（EUR）、日元（JPY）、英镑（GBP）、澳大利亚元（AUD）等，见图4.1。

美元（USD）

欧元（EUR）

日元（JPY）

英镑（GBP）

澳大利亚元（AUD）

图 4.1　常见货币

知识链接

货 币 表 示

为了能够准确而简易地表示各国货币的名称，便于开展国际贸易和金融业务，1973年，国际标准化组织（International Organization for Standardization，ISO）制定了一项适用于贸易、商业和银行使用的货币和资金代码，即国际标准 ISO-4217 三字符货币代码。

这套代码的前两个字符代表该种货币所属的国家或地区，在此基础上，加上一个字符表示货币单位。在表 4.1 中，英镑（GBP），GB 表示英国，P（pound sterling）为英国货币单位的第一个字母。

表 4.1　常见货币的货币代码

货币名称	ISO 货币代码	货币名称	ISO 货币代码
人民币	CNY	英镑	GBP
美元	USD	澳大利亚元	AUD
欧元	EUR	加拿大元	CAD
日元	JPY		

（一）认识汇率

人民币和美元之间的汇率如何表示呢？

国际上最常见的汇率表示的方法见图 4.2。因为汇率是两种货币的兑换比率，所以必然有两种货币。

最后一位是基点

USD/CNY=6.4850

通常是4位小数

基础货币　　报价货币

图4.2　汇率的表示方法

理解汇率的关键之处在于两种货币的前后顺序所表示的特定含义。既然汇率是"以一种货币表示另一种货币的价格"，那么必须明确到底是哪种货币作为基准，即"单位一"。

我们把写在前面的货币作为"单位一"，即基础货币，又称单位货币，写在后面的那种货币称为"报价货币"。以上这个汇率表示的确切含义就是"一美元可以兑换 6.4850 元人民币"。

> **想一想**
>
> 如果欧元对人民币的汇率是 8.6768，该如何表示呢？

1. 汇率与商品的价格

对于商品的价格，我们都理解，如一件衣服的价格是 100 元人民币，我们可以这样表示

一件衣服/人民币=100

同样，如果我们把美元看作一种特殊的商品，那么人民币和美元之间的汇率就是问："一美元值多少人民币呢？"我们可以这样表示

一美元/人民币=6.4850

由于我们默认写在前面的货币是"单位一"，所以可以把"一"这个数量词省略，再用货币代码表示货币名称，就成为国际通行的汇率表示方法了，即

USD/CNY=6.4850

按国际惯例，外汇汇率的标价通常由四位小数组成，从右边向左边数过去，第一位表示几个点，第二位表示几十个点，以此类推。这里的"点"即汇率的基本点（basic point），简称"基点"或者"点"。

例如，2020 年 9 月 9 日，EUR/USD=1.1769，而 9 月 10 日，EUR/USD=1.1779，则称欧元对美元上涨了 10 个点。

> **算一算**
>
> 如果 2020 年 9 月 11 日，EUR/USD=1.1799，欧元对美元上涨了还是下跌了？与前一天相比，变动了多少个点？

2. 人民币是否升值

在中国人民银行的官方网站上每天都会公布人民币对美元、欧元、日元、港币、英镑等五种主要货币的汇率，见表 4.2。

表 4.2 人民币对部分主要货币汇率的中间价

日期	1 美元	1 欧元	100 日元	1 港元	1 英镑
2020-12-25	6.5333	7.9582	6.3024	0.84266	8.8531
2020-12-28	6.5236	7.9599	6.3003	0.84139	8.8472
2020-12-29	6.5451	7.9963	6.3114	0.84413	8.8084
2020-12-30	6.5325	8.0059	6.3080	0.84255	8.8178
2020-12-31	6.5249	8.0250	6.3236	0.84164	8.8903

资料来源：http://www.pbc.gov.cn.

如何判断人民币是否在升值？

我们看表 4.2 美元这一列就可以知道，在"2020-12-25"这一天，一美元能兑换 6.5333 元人民币，而在几天后，"2020-12-31"这一天，1 美元只能兑换 6.5249 元人民币，1 美元能够兑换的人民币减少，美元慢慢变得"不值钱"了，因此美元在贬值。汇率表示的是两种货币的兑换比率，一种货币贬值就意味着另一种货币升值，因此，美元在贬值的同时，人民币在升值。

数字变小，说明汇率中写在前面的货币（即基础货币）在贬值，报价货币在升值，因此，人民币对美元的数字在变小，人民币在升值。

议一议

人民币对其他货币升值了吗？

（二）不同标价法

下面讲述几种不同的标价法。

1. 直接标价法

从上面的例子我们看到，对我们国家来说，美元是外国货币，人民币是本国货币，即在汇率表示中，基础货币是外国货币，报价货币是本国货币，见图 4.3。

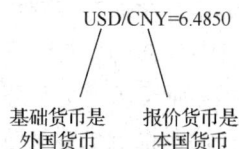

USD/CNY=6.4850

基础货币是 外国货币　　报价货币是 本国货币

图 4.3 直接标价法

这样的汇率表示方法被称为直接标价法。

直接标价法又称应付标价法（giving quotation），意为购买一定数量的外国货币应付多少本国货币。

在直接标价法下，如何判断汇率涨跌呢？

在直接标价法下，汇率涨跌以一定单位的外国货币可兑换的本国货币的数额变化来表示。一定单位外国货币折算的本国货币越多，即数字变大，说明外币升值，本币贬值；反之，一定单位外币折算的本币越少，即数字变小，说明外币贬值，本币升值。

例如，在我国外汇市场，美元对人民币出现如下变化，则说明美元贬值，人民币升值：

USD/CNY=8.2700　➡️　USD/CNY=6.1305

我国和世界上大多数国家采用直接标价法。

2. 间接标价法

由于历史上英镑曾是国际通行的结算货币，所以英国在表示英镑与其他货币的关系时，把其本国货币英镑作为基础货币即"单位一"，这种把本币作为基础货币的报价方法就被称为间接标价法。目前，世界上只有英镑、美元、澳大利亚元和新西兰元等少数几个国家的货币采用间接标价法，见图4.4。

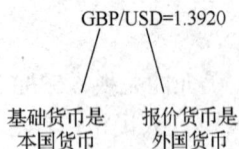

GBP/USD=1.3920

基础货币是　　报价货币是
本国货币　　　外国货币

图4.4　间接标价法

间接标价法又称应收标价法（receiving quotation），意为一定数量的本国货币能换回多少外国货币。

例如，在伦敦外汇市场，英镑对美元的汇率表示为GBP/USD。

在图4.4中，基础货币是本国货币，报价货币是外国货币。

在间接标价法下，如何判断汇率涨跌呢？

在间接标价法下，汇率涨跌以一定单位的本国货币可兑换外国货币数额的变化来表示。一定单位本国货币折算的外国货币越多，说明本币升值，外币贬值；反之，一定单位本币折算的外币越少，说明本币贬值，外币升值。例如，在英国外汇市场汇率出现以下变动，则说明英镑升值，美元贬值：

GBP/USD=1.5785　➡️　GBP/USD=1.5885

3. 美元标价法

直接标价法和间接标价法都是各国银行面对顾客的将本币与外币比价表示出来的方法，在涉及两种货币中必有一种是本币。但是，在国际外汇市场中，一笔外汇交易所涉及的两种货币可能没有一种是本币。例如，英国某银行与德国某银行进行一笔外汇交易，而买卖的货币分别是美元和日元，这时就很难确切地用直接标价法和间接标价法的概念对报价进行规范。因此，在国际外汇市场上通常采用美元标价法。

美元标价法就是所有货币的汇率都用美元来报价表示。

美元标价法按照其形式又可分为美元报价和非美元报价。

美元报价就是以美元为基础货币、其他货币为报价货币。大多数货币采用这种报价。

非美元报价就是以其他货币为基础货币、美元为报价货币。英镑和欧元、澳大利亚元、新西兰元等采用这种报价。

议一议　　已经有了直接标价法和间接标价法，为什么还要有美元标价法？

小贴士

不管是直接标价法、间接标价法还是美元标价法，判断一种货币升值或者贬值的一般法则是，数字大小变化反映的是基础货币相对于报价货币的价值变动，即：数字变大，意味着基础货币升值，报价货币贬值；数字变小，意味着基础货币贬值，报价货币升值。

另外，汇率反映的是两种货币的兑换比率，因此一种货币升值必然意味着另一种货币贬值。因此，我们在判断汇率涨跌时其实也可以不必记忆一种汇率表示到底属于哪种标价法，而只要牢牢记住，前面的货币是基础货币，后面的货币是报价货币，而数字大小变化，直接对应基础货币的升值或贬值。

汇率涨跌的一般判断规则，即：数字变大，基础货币升值；数字变小，基础货币贬值。

二、影响汇率的基本因素

从事外汇交易需要预测汇率走势，常见的载体就是汇评。简单地说，汇评就是对影响汇率未来走势的各种因素进行分析评价，并对汇率的走势做出预测判断的评论。

下面对汇评进行解读。

1. 经济发展

经济发展或增长对汇率有何影响呢？

一般来说，经济增长同时还意味着生产率的提高、产品竞争力的增加和对进口商品需求的下降。另外，经济增长也意味着投资机会的增加，有利于吸引外国资金的流入，改善资本账户。国民收入的增加意味着购买力的增强，由此会带来进口的增加。

总之，国内外经济增长的差异对汇率的影响是多方面的。从长期看，经济的增长有利于本币币值的稳中趋升。

2. 进出口

对外贸易情况对汇率有何影响呢？

进出口贸易对一国的汇率会产生直接的影响。一国出口商品到国外会收到外汇，出口企业需要在外汇市场出售外币换成本币来购买原材料、支付工资等以继续生产过程。进口企业需要在外汇市场购入外币来购买外国商品。如果出口大于进口，即出现贸易顺差，在本国外汇市场上出售的外币（外币供给）大于购入的外币（外币需求），外币就会出现供大于求，根据供求定律，外币就会倾向于贬值，本币倾向于升值。反之，当出口小于进口，即出现贸易逆差，外币就会倾向于升值，本币倾向于贬值。

进出口贸易是"国际收支"的重要组成部分，比贸易顺差或者逆差更全面的影响因素应该是"国际收支顺差"或"国际收支逆差"。

总之，对外贸易情况对汇率的影响、判断的基本规律为顺差会导致本币升值，逆差会导致本币贬值。

3. 利率

利率水平对汇率有何影响？

如果美国一年期的利率是 5%，而英国一年期的利率是 3%，你愿意把钱存在哪里？

"水往低处流，人往高处走"，资本的逐利性决定了资金倾向于流向利率水平较高的国家。因此，利率对一国汇率水平有重要影响，主要作用机制如下。

① 一国的利率水平相对较高→吸引国外资本流入→外汇市场上外汇供给增加→本币升值、外汇贬值。

② 一国的利率水平相对较低→本国资本外流→外汇市场上需求增加→外汇升值、本币贬值。

由此可见，利率水平影响汇率的基本规律为：一国的利率水平相对较高会导致本币升值，一国的利率水平相对较低会导致本币贬值。

4. CPI

CPI 是衡量一国物价水平的基本指标之一。

在纸币本位制度下，汇率决定的基础是两国货币购买力的比较，而通货膨胀会使货币的价值即购买力发生变化，从而动摇汇率的基础，使汇率发生变化。

其作用机制为一国通货膨胀→国内企业生产成本上升→出口减少、进口上升→国际收支逆差→本币汇率下跌。

通货膨胀水平对汇率有何影响？

判断通货膨胀水平对汇率影响的基本规律为：一国通货膨胀率较高会导致本币贬值，一国通货膨胀率较低会导致本币升值。

消费者价格指数指标十分重要，因为有时公布了该指标上升，货币汇率向好，有时则相反。因为消费者价格指数水平表明消费者的购买能力，也反映经济的状况，如果该指数下跌，反映经济衰退，必然对货币汇率走势不利。如果消费者价格指数上升，汇率是否一定有利好呢？不一定，须看消费者价格指数的升幅如何。若该指数的升幅温和，则表示经济稳定向上，当然对该国货币有利，但若该指数升幅过大却有不良影响，因为价格指数与购买能力成反比，物价越贵，货币的购买能力越低，必然对该国货币不利。如果考虑对利率的影响，则该指标对外汇汇率的影响作用更加复杂。当前不少国家以控制通货膨胀为首要任务，通货膨胀上升的同时就带来利率上升的机会，因此，反而对该货币有利。如果通货膨胀率受到控制而下跌，利率也同时趋于回落，会不利于该地区的货币。

5. 各国中央银行干预汇率

各国中央银行为了使汇率维持在政府所期望的水平上，会对外汇市场进行直接干预，以改变外汇市场的供求状况，这种干预虽然不能从根本上改变汇率的长期趋势，但对外汇的短期走势有重要影响。

6. "预期"与"预计"

国际金融市场的游资数额巨大，这些游资对世界各国的政治、军事、经济状况具有高度敏感性，由此产生的预期支配着游资的流动方向，对外汇市场形成巨大冲击，预期因素是短期内影响外汇市场的最主要因素。

参考图 4.5，说明影响汇率的因素有哪些？

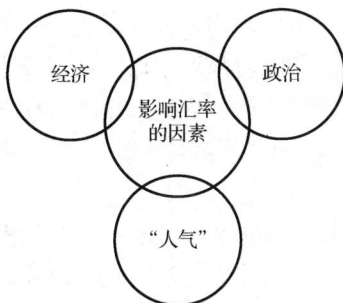

图 4.5　影响汇率的因素

从外汇交易员实际的操作经验来看，以上这些因素可以归为经济、政治和"人气"。其中，经济因素内容最多，主要是依据各国定期公布的各类经济数据。

三、解读影响汇率的经济数据

如何解读经济数据？

经济数据的种类非常多，对汇率的影响程度和方式也不同。我们以非农就业人口和GDP 这两个非常重要的数据为例加以说明。

1. 非农就业人口

非农就业人口为就业报告中的一个项目，该项目主要统计从事农业生产以外的职位变化情况。

非农就业人口如何影响汇率呢？

非农就业人口能反映制造行业和服务行业的发展，数字减少说明企业减少生产，经济步入萧条。当社会经济较快时，消费自然随之而增加，消费性及服务性行业的职位也就增多。当非农就业人口数字大幅增加时，表明了一个健康的经济状况，理论上对汇率应当有利，并可能预示着更高的利率，而潜在的高利率促使外汇市场更多地推动该国货币价值，反之亦然。因此，非农就业人口是观察社会经济和金融发展程度与状况的一项重要指标。

2. GDP

GDP 是指在一定时期内（一个季度或一年），一个国家或地区的经济中所生产出的全部最终产品和劳务的价值。它常被公认为衡量国家经济状况的最佳指标。它不但可以反映一个国家的经济表现，而且可以反映一国的国力与财富。

GDP 如何影响汇率？

一国的 GDP 大幅增长，反映该国经济发展蓬勃，国民收入增加，消费能力也随之增强。在这种情况下，该国中央银行将有可能提高利率，紧缩货币供应，国家经济表现良好及利率的上升会增加该国货币的吸引力。反过来说，如果一国的 GDP 出现负增长，显示该国经济处于衰退状态，消费能力降低。这时，该国中央银行可能降息以刺激经济再度增长，利率下降加上经济表现不振，该国货币的吸引力也就随之降低。因此，一般来说，高经济增长率会推动本国货币汇率的上涨，而低经济增长率会造成该国货币汇率下跌。

GDP 是每季数据，对于任何一季的报告，第一次修正报告称为"初步（preliminary）"，第二次修正报告称为"修正后（revised）"或"最终（final）"。

对汇市影响最大的首先为美国每月（或每季度）公布的经济统计数据，其次为欧元区国家、日本、英国的数据，最后为澳大利亚、加拿大、瑞士等国的数据。之所以说美国的经济数据影响最大，主要原因在于美元是国际外汇交易市场中最重要的货币，也是因为美元在国际贸易中占结算方式的 50% 以上。

从经济统计资料的内容看，作用大小依次排序为利率的调整、就业人数（美国为非农就业人口）、国民生产总值、工业生产、对外贸易、通货膨胀率、生产价格（物价）指数、CPI、批发物价指数、零售物价指数、消费信心指数、住房（建筑）开工率、个人收入、汽车销售、平均工资、商业库存、先行指数等。但这里的排序是针对普遍情况，在不同市场心理情况下，这些资料对市场心理产生影响的重要性不同。

四、汇率变动如何影响经济

这么多因素会影响汇率，反过来，汇率又会对经济产生什么影响呢？

汇率的变化会对经济特别是国际收支产生重要的影响，汇率是一国货币当局最主要的金融调节杠杆之一。

1. 对进出口贸易的影响

汇率变动对进出口贸易有怎样的影响呢？

如果美元对人民币的汇率原为 8，后人民币贬值，贬值后汇率为 10，且贬值前后国内外物价不变。中国某出口商的产品在国际市场上的价格为 1 美元，则贬值后出口商以人民币计算的收入增加，出口利润增加，从而刺激出口的扩张。进口商进口某种商品的国际市场价格为 1 美元，贬值后进口以人民币计算的成本上升，销售利润减少，从而抑制进口。

总之，在浮动汇率制下，货币升贬值对进出口贸易存在着一定的影响。一国货币贬值有利于该国扩大出口、抑制进口；货币升值则会刺激该国的进口而抑制出口。

2.　对资本流动的影响

汇率变动对资本流动有怎样的影响呢？

汇率变动会引起人们对汇率进一步变化的预期，从而加剧资本的流动，改变本国的国际收支状况。

从长期看，当本币汇率下降时，本国资本为防止货币贬值的损失，常常逃往国外，特别是存在本国银行的国际短期资本或其他投资，也会调往他国，以防损失。

3.　对国内物价的影响

汇率变动对国内物价有怎样的影响呢？

货币的对外价值（汇率）与对内价值（购买力）相互影响。

汇率变动后，立即对进口商品的价格发生影响。首先是进口的消费品和原材料价格变动，进而以进口原料加工的商品或与进口商品相类似的国内商品价格也发生变动。

汇率变动后，出口商品的国内价格也发生变动。若本币汇率下降，则外币购买力提高，国外进口商就会增加对本国出口商品的需求。在出口商品供应数量不能相应增长的情况下，出口商品的国内价格必然上涨。在初级产品的出口贸易中，汇率变化对价格的影响特别明显。

4.　对进出口企业的影响

汇率变动对进出口企业有怎样的影响呢？

在浮动汇率制度下，汇率频繁波动使企业进出口贸易的计价结算和对外债权债务中的风险增加。具体来说，进口商品计价货币升值，或应偿还借款货币升值，都意味着债务方实际支付的增加；出口商品计价货币贬值，或应收贷款货币贬值，都意味着债权方实际收入的减少。因此，对进口商和外债债务方来说，货币升值不利，对出口商和外债债权方来说，货币贬值不利。

※ 注意风险

在过去固定汇率制度下，汇率相对稳定，波动幅度不大，对微观经济的影响不明显，但在浮动汇率制度下，进出口贸易和国际借贷等活动随时面临汇率变化风险，这就要求企业和商人能够对汇率变化有一个较为准确的预测，以防范汇率风险。

议一议

汇率变动会对经济产生哪些影响？人民币升值会对我国经济产生哪些影响？

知识链接

人民币汇率体制改革

自 2005 年 7 月 21 日起，我国开始实行以市场供求为基础、参考一篮子货币进行调节、有管理的浮动汇率制度。人民币汇率不片面地关注单一美元，而形成更富弹性的人民币汇率机制。

这次汇率体制改革的主要内容包括放弃与美元挂钩，引入参考一篮子货币，由 1 美元兑 8.2765 元人民币改为 1 美元兑 8.11 元人民币，升值 2%。银行间一篮子货币兑人民币的每日收市价，作为翌日买卖中间价，上下波幅 0.3%。到 2007 年 5 月 18 日，人民币对美元的上下波幅从 0.3%进一步扩大到 0.5%。

（资料来源：作者根据相关资料整理。）

任务二　国际收支指标解读

核心指标

贸易顺差（favorable balance of trade）
贸易逆差（unfavorable balance of trade）
经常项目
资本项目
净误差与遗漏（net errors and omissions）
综合差额
热钱（hot money）
外汇储备
国际储备（international reserve）
适度国际储备水平

小看板

我国的进出口状况如何

据商务部网站消息，2019 年，中国全年进出口总额 31.54 万亿元人民币，增长 3.4%。其中，出口 17.23 万亿元，增长 5.0%，进口 14.31 万亿元，增长 1.6%，进出口、出口、进口规模均创历史新高。

（资料来源：佚名，2020. 商务部：2019 年中国进出口、出口、进口规模均创历史新高[EB/OL].（2020-01-15）[2021-03-02]. https://www.chinanews.com.cn/cj/2020/01-15/9060740.shtml.）

一、国际收支

（一）贸易顺差

贸易顺差又称"出超"，是指在特定年度一国或地区出口贸易总额大于进口贸易总额，表示该国或地区当年对外贸易处于有利地位。

贸易顺差的大小在很大程度上反映一国或地区在特定年份对外贸易活动状况。

我们知道，拉动我国经济增长的主要动力是"三驾马车"，即消费、投资和出口。我国长期以来推行外向型经济政策，积极扩大出口，对推动我国经济发展、提高就业率起到了积极的作用。但是，随着世界经济格局的转变，我国出口的迅速扩张对经济发展也造成了不利的影响。

1. 外向型经济

什么是外向型经济？外向型经济就是一国或地区为推动该国或地区的经济发展和增长，以国际市场需求为导向、以扩大出口为中心，根据比较利益原则，积极参与国际分工和国际竞争，所建立的经济结构、经济运行机制和经济运行体系。

外向型经济的基本内容包括以下几个方面。

1）以国际市场需求为导向。

2）必须能够参与国际分工。

3）具备较为健全的市场经济秩序和经济组织结构体系。

4）外贸体制采取以经济手段为主的管理制度。

2. 贸易顺差的不利影响

1）使本国货币汇率上升，不利于出口贸易发展。

2）引起本国储备增加，国内货币供应量增加，易引发通货膨胀。

3）可能加剧与逆差国的贸易争端。

4）若过度出口造成贸易收支顺差，则意味着国内可供资源的减少，不利于本国经济长期发展。

通常情况下，一国不宜长期大量出现对外贸易顺差，因为此举很容易引起与有关贸易伙伴国的摩擦。例如，美、日两国双边关系市场发生波动，主要原因之一就是日方长期处于巨额顺差状况。

大量外汇盈余通常会使一国市场上本国货币投放量随之增长，也可能引起通货膨胀，不利于国民经济持续、健康发展。

小贴士

货 币 投 放

我们经济生活中的钱从哪里来的呢？

有人说："还不简单，从银行取啊。"

那么银行的钱又从哪里来呢？

有人说："那就从'银行的银行'（即从一国的中央银行）来。"

中央银行负责一国的货币发行，负责向社会"投放货币"。从理论上来说，我们经济生活中的货币，其源头就是中央银行的货币投放。

通常认为，一国货币投放的途径有：中央银行的基础货币，即货币当局通过发行通货等方式主动向市场投放的货币；外汇占款，即中央银行购买外汇而被动投放的货币。

出口企业需要把外汇卖给国家，国家就按照汇率用等值的本币购买形成外汇储备，如果出现大幅贸易顺差，国家需要大量购进外汇，那么一方面造成外汇储备迅速增加，另一方面造成市场上流通的本币数量也被动地大幅增加。

（二）贸易逆差

我们看到，当前我国的大幅贸易顺差有不少不利的影响。那么反过来，当一国或地区出口小于进口又会怎么样呢？

贸易逆差又称"入超"，是指在特定年度一国或地区进口贸易总值大于出口贸易总值，反映该国或地区当年在对外贸易中处于不利地位。

同样，一国政府当局应当设法避免长期出现贸易逆差，因为大量逆差将致使国内资源外流，对外债务增加。这种状况同样会影响国民经济正常运行。

贸易逆差的影响如下。

1）引起本国货币汇率下降。

2）引起本国储备减少，削弱对外支付能力。

3）引起国内货币供应紧缩，影响国内经济增长。

议一议

贸易顺差和贸易逆差对一国或地区经济有何影响？

（三）贸易平衡

贸易平衡（balance of trade）是指一国或地区在特定年度内贸易进、出口总额基本上趋于平衡。

纵观世界各国（地区）政府的外贸政策实践，这种现象并不多。一般来说，一国政府在对外贸易中应设法保持进出口基本平衡，略有结余，此举有利于国民经济的健康发展。

（四）经常项目

除了贸易顺差，我们在电视、网络新闻等还会看到一个名词，就是经常项目。我们已经理解，贸易顺差和逆差都是指国际贸易，比较的是进口和出口之间的大小关系，那么经常项目到底是什么含义呢？

我们先来看看这个经常项目到底包括哪些内容。

从表 4.3 中可知把这些项目涉及的金额加总，外汇收入大于支出，就称为经常项目顺差，反之则称为经常项目逆差。

表 4.3 经常项目内容

编号	项目		含义	补充说明
1	货物和服务（goods & services）	货物	商品的出口或进口的外汇收支	又称为有形贸易
		服务	运输、保险、邮电、工程承包、计算机与信息服务、咨询设计、专利权使用等劳务所发生的外汇收支	又称为无形贸易
2	收益（income）		因生产要素在国际间流动而引起的要素报酬的收支	—
3	经常转移（current transfers）		一交易方向另一交易方提供了经济价值但并未收到对应的、具有相等价值的补偿物	单方面、无偿

我们通常所说的"贸易"就是对应于经常项目中的"货物和服务（goods & services）"中的"货物"一项，"贸易"属于经常项目中的一部分。通常贸易额占经常项目总额的比例较高，而且进出口贸易与国家的经济增长和我们的经济生活关系最密切，因此我们接触到贸易顺差或贸易逆差更多一些。

（五）资本项目

与经常项目经常一起出现的是资本项目，它又是什么含义呢？

同样，我们先来看看资本项目包括哪些内容。

通常所称的资本项目完整的名称应该是资本账户与金融账户（capital account and financial account），资本项目由资本账户和金融账户两大部分组成（表 4.4）。

资本项目在国际资本频繁流动的今天尤其显得重要。

表 4.4 资本项目的内容

编号	项目		含义	补充说明
1	资本账户	资本转移	固定资产的转移或债务的减免	—
				—
		非金融资产的收买或放弃	各种无形资产，如专利、版权、商标、经销权等，以及租赁或其他可转让合同的交易	
2	金融账户	直接投资	以投资者寻求在本国以外运行企业获取有效发言权为日的的投资	直接投资者须拥有企业 10%或以上的普通股或投票权
		证券投资	股票、中长期债券和货币市场工具等形式的投资	
		其他投资	如货币资金借贷，与进出口贸易相关的各种贷款、预付款等	是一个剩余项目，包括所有直接投资、证券投资或储备资产未包括的金融交易
		储备资产	包括货币当局随时可利用并控制以达到一定目的的外部资产	—

议一议

　　如果一个英国的投资者在美国购买了 1000 股一家美国上市公司的股票，这笔交易应属于什么项目？

　　我们解读了经常项目和资本项目，那么，一个国家设立、统计这些数据到底有什么作用呢？在这些数据背后，又反映什么经济问题呢？

　　我们就先来理解一个新的指标，就是国际收支，它包括经常项目和资本项目。

（六）国际收支的调节

　　国际收支是指在一定时期内一国居民与非居民之间全部经济交易的系统记录。

　　广义的国际收支既包括涉及货币收支的对外往来，又包括未涉及货币收支的对外往来。另外，还包括商品、劳务和资本项目的收支，海外军事开支、战争赔款、经济援助和军事援助，以及科学技术和文化教育等方面的往来的收支。

1. 企业、家庭的"记账"与国际收支

　　一个经济社会，包括个人、企业、非营利团体和政府四类经济主体，他们都存在着收支问题。国际收支是讨论一个国家的收支问题，它与政府部门等的收支有所不同，但在本质上又有相通之处。

　　要理解国际收支，可以从以下三方面入手。

　　1）国际收支是一个流量概念。

　　2）国际收支是一个事后的概念，它是对过去的一个报告期内已发生的经济交易的系统记录。

　　3）居民与非居民之间的经济交易。国际收支记录的是一国居民和非居民之间的交易。判断一项交易是否应包括在国际收支的范围内，所依据的不是交易双方的国籍，而是依据交易双方是否有一方是该国居民。

知识链接

居民与公民

　　居民是一个经济概念，是指在一个国家（或地区）的经济领土内具有一定经济利益中心的经济单位，否则，该经济单位就被称为该国（或该地区）的非居民。一国的经济领土一般包括该国政府所管辖的地理领土，该国天空、水域和邻近水域下的大陆架，以及该国在世界其他地区的飞地。依照这一标准，一国的大使馆等驻外机构是所在国的非居民，而国际组织是任何国家的非居民。在一国经济领土内具有一定的经济利益中心是指该单位在某国的经济领土内在一年或一年以上的时间中已经大规模地从事经济活动或交易，或计划如此行事。居民与非居民都包括个人、企业、非营利团体、政府四类。

John 是学校聘请的外语教师，已经在学校任教 3 年多。John 是中华人民共和国的公民吗？是我们国家的居民吗？

2. 国际收支中的经济交易

国际收支中的经济交易是指经济价值从一个经济实体向另一个经济实体的转移。国际收支中的经济交易包括五种类型：①金融资产与商品劳务之间的交换，如商品劳务的买卖（进出口贸易）等；②商品与商品及商品与劳务之间的交换，如易货贸易，补偿贸易等；③金融资产之间的交换，如货币资本借贷、货币或实物的直接投资，有价证券投资以及无形资产（如专利权、版权）的转让买卖等；④无偿的商品劳务转移，如无偿的物资捐赠、服务技术援助等；⑤无偿的金融资产转移，如债权国对债务国给予债务注销，富有国家对低收入国家的投资捐赠等。

总而言之，凡是一个国家或地区与其他国家或地区发生了经济往来，不管是有偿的还是无偿的，不管适应的是本国货币还是外国货币，也不管是实物形态还是货币形态，均应列入国际收支的范畴。

国际收支内容十分庞杂，包括国际经济往来的方方面面。如何才能比较准确地反映呢？这就需要一种有效的工具，就是国际收支平衡表。

3. 国际收支平衡表

国际收支平衡表（balance of payments，BOP）就是在一定时期内（通常为 1 年）一国与其他国家所发生的国际收支按项目分类统计的一览表。

（1）国际收支平衡表的编表原理与记账规则

国际收支平衡表的编表原理为"有借必有贷，借贷必相等"的复式簿记原理。在国际收支平衡表中的每个项目都有借方（debit）和贷方（credit）两栏。在将每笔交易记录到国际收支平衡表时，都会产生金额相等的借方和贷方两笔记录，即"有借必有贷，借贷必相等"。由于每笔交易都要同时等额地计入借方和贷方，国际收支平衡表的借方总额与贷方总额是相等的，净差额应为零。

记账规则：国际收支平衡表采用复式簿记。

正号项目：资产的减少及负债的增加记贷方，用"+"号表示；

负号项目：资产的增加及负债的减少记借方，用"-"号表示。

具体来说，本国商品出口和服务输出、本国对外金融资产的减少和本国对外负债的增加记贷方；本国商品进口和服务输入、本国对外金融资产的增加和对外负债的减少记借方。

储备资产在记录上与其他账户不同，借方差额既不表示国际收支顺差减少，也不表示逆差增加，而是表示国际储备增加。贷方差额既不表示国际收支顺差增加，也不表示逆差减少，而是表示国际储备减少。

国际收支记账规则是什么呢？

我们通过表 4.5 来说明。

表 4.5　国际收支借贷项目判断

项目	借方	贷方
外汇收支	本国对国外支付外汇	本国从国外获得外汇收入
外汇供求	引起外汇需求	引起外汇供给
储备资产	增加	减少

国际收支平衡表集中反映了该国国际收支的具体构成和总貌。国际收支平衡表主要包括经常项目和资本项目，除此之外，通常还包括一个净误差与遗漏项目。

（2）净误差与遗漏

国际收支记录运用的是复式记账法，贷方总额和借方总额应该相等。但是不同账户的统计资料来源不一，记录时间不同及一些人为因素（如虚报出口）等，会造成结账时出现净的借方或贷方余额，这时就需要人为设立一个抵消账户，数目与上述各项目的净余额相等而方向相反。也就是说，一切统计上的误差均归入错误和遗漏账户。

我们已经把国际收支平衡表的所有主要项目进行了介绍，下面我们来看看它的全貌。我国国际收支平衡表把金融项目下的储备项目单独作为一个大项，见表 4.6。

表 4.6　我国国际收支平衡表简表

项目	借方	贷方
经常账户	商品进口和服务输入	商品出口和服务输出
资本与金融账户	本国对外金融资产的增加和对外负债的减少	本国对外金融资产的减少，本国对外负债的增加（如外国直接投资）
储备资产	储备资产增加	储备资产减少
净误差与遗漏		

把各个项目里填上具体的数据金额，再计算出借方和贷方的差额，就是一张国际收支平衡表简表，见表 4.7。

表 4.7　2018～2020 年中国国际收支平衡表（年度表）简表　　　　单位：亿美元

项目	2018 年	2019 年	2020 年
一、经常账户	241	1029	2740
二、资本和金融账户	1532	263	-1058
三、储备资产	-189	193	-280
四、净误差与遗漏	-1774	-1292	-1681

资料来源：根据国家外汇管理局网站/统计数据栏目整理，www.safe.gov.cn/safe/zggjszphb/index.html。

从表 4.7 中可以看到，2018～2020 年我国经常账户顺差分别为 241 亿美元、1029 亿美元和 2740 亿美元。以 2018 年为例，资本和金融账户顺差为 1532 亿美元，储备资产增加约 189 亿美元，净误差与遗漏约为 1774 亿美元。

算一算

差额一项的数字与借方、贷方的数字是怎样的关系？

（3）国际收支平衡表的分析

这些数字背后有什么经济含义呢？接下来我们就来一一解读。

国际收支平衡表主要包括以下内容。

1）贸易收支差额分析。这一差额反映的是商品进出口项目的净差额。

2）经常项目差额分析。经常账户的交易一旦发生就不可撤销，反映了实际资源在国与国之间的转让净额，或者一国对外财富的净额。因为一国拥有多少可支配的实际资源对一国经济的增长和发展起着十分重要的作用，所以要对经常账户差额做出系统全面的分析。

3）综合差额分析。综合差额是经常账户差额与资本和金融账户差额之和。它衡量了一国通过动用或获取储备来弥补收支的不平衡的情况。

可以看到，2018年我国出现了经常账户顺差、资本和金融账户双顺差，其中资本和金融账户顺差数额较大，说明我们国家国际收支不平衡。计算可得2018年我国的综合差额高达约1773亿美元，这就需要通过增加相应的国际储备，主要是外汇储备或调节净误差与遗漏来平衡。

国际收支平衡表分析有哪些方法呢？主要包括下面几种。

1）静态分析，指分析某国在一定时期（一年、一季或一月）的国际收支平衡表。

2）动态分析，指按时间序列连续分析一国不同时期的国际收支平衡表。

3）比较分析，指对不同国家在相同时期的国际收支平衡表进行比较分析。

为了进一步分析国际收支的动态变化情况和趋势，往往需要对连续若干年的国际收支平衡表进行动态分析。比较分析则是通过两国或多国的国际收支表来进行国际收支分析。

议一议

搜集美国的国际收支表，分析一下中美两国的国际收支有何联系？

4. 国际收支失衡的经济影响与评价

国际收支失衡有什么影响呢？

（1）国际收支逆差的影响

1）本国货币汇率面临汇率下跌的压力。

2）黄金外汇储备减少，对外支付能力削弱。

3）制约国内经济发展，本国国内货币供应量减少，利率上升。

（2）国际收支顺差的影响

1）形成本国货币对外升值的压力。

2）增大通货膨胀压力。

3）不利于经济的长期发展。

5. "热钱"及其经济影响

"热钱"又称游资或投机性短期资本或逃避资本（refugee capital），是充斥在世界上，无特定用途的流动资金。

"热钱""游资"是对国际套利资本的通俗说法，也被形象地称为"过江龙""金融鳄鱼"。虽然大概的定义可以这样说，但是如何甄别"热钱"及确定"热钱"的数目大小，却非易事。因为"热钱"并非一成不变，一些长期资本在一定情况下也可以转化为短期资本，短期资本可以转化为"热钱"，关键在于经济和金融环境是否会导致资金从投资走向投机，从投机走向逃离。它是为追求最高报酬及最低风险，在国际金融市场上迅速流动的短期投机性资金。

长期以来，发展中国家由于国内资金短缺，往往比较在意外汇流出，希望外汇流入。

一般国际"热钱"流向两个热源：短期利率正处在波段高点，或还在走高；短期内汇率蓄势待发，正要升值。一般发展中国家，经济正在起飞，股市正待上扬的市场，只要相对于他国符合以上要件，都能吸引八方"热钱"进来。

"热钱"流出就是变卖本国货币计价资产，如外资拥有的股票、国债、投机性土地等，大量变卖，换成他国货币之后，倾巢汇出。

以上一进一出，如果时间短而流量大，将造成本国股市、债市、房市暴起乍跌。泰国在 1997 年前奉行高利率政策，大量"热钱"涌入；泰铢贬值后，"热钱"迅速逃逸，使泰国的经济大厦轰然倒塌。

议一议

什么是"热钱"？"热钱"对一国的国际收支和经济发展有什么影响？

上面的国际收支分析提到，综合差额需要通过储备资产的增加来平衡。那么，储备资产具体包括哪些项目呢？储备资产有何作用呢？储备资产与我们经常听到的"外汇储备"是什么关系呢？

小看板

外汇储备越多越安全？

截至 2019 年 12 月末，国家外汇管理局 2020 年 1 月 7 日公布的数据显示，我国外汇储备规模为 31 079 亿美元，较 11 月份上升 123 亿美元，升幅 0.4%；较年初上升 352 亿美元，升幅 1.1%。

（资料来源：人民网，2020. 2019 年外汇储备规模稳中有升 国际收支呈现基本平衡格局[EB/OL].

（2020-01-08）[2020-07-21]. https://news.cnstock.com/news,yw-202001-4474478.htm.）

6. 外汇储备

外汇储备是指一国或地区货币当局所持有的可兑换货币和用它们表示的支付手段。那么，外汇储备是不是就等于外国货币储备或外币储备呢？

其实不是，外汇与外币虽然只有一字之差，但是还是有区别的。简单地说，只有满足特定条件的外币才是外汇。

（1）外币与外汇

外汇是指以外币表示的、可以用作国际清偿的支付手段和资产。

关键是怎么理解"可以用作国际清偿"。通常这需要满足"自由兑换性"和"普遍接受性"两个条件。

外汇按自由兑换性强弱可以分为自由外汇和有限自由兑换外汇。目前世界上有 40 多种货币是可兑换货币，如美元、英镑、欧元、日元、港币等。有限自由兑换外汇是指未经货币发行国批准，不能自由兑换成其他货币或对第三国进行自由支付的外汇，如目前的人民币。

外汇除了外国货币，还有其他具体形式。《中华人民共和国外汇管理条例》第三条规定，外汇包括外币现钞（纸币、铸币）；外币支付凭证或者支付工具，包括票据、银行存款凭证、银行卡等；外币有价证券，包括债券、股票等；特别提款权；其他外汇资产。

因此，外汇可以理解为外币表示的、可以用作国际清偿的货币及用这些货币表示的支付手段和资产。

另外，外汇还需要在世界范围内普遍被接受，以便在干预外汇市场方面发挥作用。

议一议

人民币是不是外汇？

（2）外汇储备的作用

通俗地理解，外汇储备是一个国家或地区储备了一些在国际上被普遍接受的他国货币及其表示的资产以防"不时之需"，那么外汇储备有哪些作用呢？

外汇储备的主要功能体现在清算国际收支差额，维持对外支付能力。

当一国或地区发生国际收支困难时，政府需采取措施加以纠正。若国际收支困难是暂时性的，则可通过使用国际储备予以解决。若国际收支困难是长期的、巨额的，或根本性的，则国际储备可以起到一种缓冲作用，避免因猛烈的调节措施可能带来的社会震荡。

当本国货币汇率在外汇市场上发生变动或波动时，尤其是因非稳定性投机因素引起本国货币汇率波动时、政府可动用储备来缓和汇率的波动，甚至改变其波动的方向。通过出售储备购入本币，增加对本国货币的需求，可使本国货币汇率上升；反之，通过购入储备抛出本币，增加市场上本币的供应，可使本国货币汇率下浮。各国货币金融当局持有的国际储备总是有限的，因此外汇市场干预只能对汇率产生短期的影响。但是，汇率的波动在很多情况下是由短期因素引起的，故外汇市场干预能对稳定汇率乃至稳定整个宏观金融和经济秩序起到积极作用。

除了以上的基本作用，在关系复杂、竞争激烈的国际格局中，外汇储备还有更深层次的作用。

1）提供信用保证。国际储备的信用保证作用：一是可以作为政府向外借款的保证；二是可以用来支持对本国货币价值稳定性的信心。比较充足的国际储备有助于提高一国或地区的外债信誉，增强货币稳定性的信心。例如，在东南亚金融危机中，港币受到国际游资的冲击，但始终保持不贬值，当时香港当局充足的外汇储备提供了有力的支持。

2）赢得竞争利益。一国或地区持有比较充分的国际储备，政府就有力量使其货币高估或低估，争取国际竞争的优势。如果是储备中心国家，这对于支持其关键货币的国际地位是至关重要的。

例如，第二次世界大战后英国的英镑、美国的美元一度实行"高估"的政策，以便其以较低廉的价格购买外国企业，进行对外投资，购买原材料，加强对外国经济的控制。

概括起来，外汇储备的作用主要有下面两个方面的作用：清算国际收支差额，维持国际支付能力；干预外汇市场，调节本国货币的汇率。

可以看到，外汇储备的基本作用是"可以用作国际清偿"，但是可以用作国际清偿的不仅仅是外汇储备，还包括其他资产，所以我们需要更加全面地了解哪些资产"可以用作国际清偿"，这就需要理解"国际储备"或"储备资产"这个概念。那么，什么是国际储备呢？

二、国际储备

国际储备是一国或地区货币当局持有的，用于国际支付、平衡国际收支和维持其货币汇率的国际间可以接受的一切资产。

简单地说，国际储备包括外汇储备，外汇储备是国际储备的一部分。外汇储备常常是最主要的部分，在国际储备中占有绝对份额，因此有些场合，我们在讨论国际储备问题时，实际上主要在讨论外汇储备的问题，或者干脆用外汇储备来代表国际储备。

国际储备具有官方持有性、充分流动性和普遍接受性等典型特点。

（一）国际储备的构成

国际储备包括外汇储备、黄金储备、储备头寸、特别提款权等。

黄金储备是指一国或地区货币当局为应付国际收支而持有的货币性黄金总额。

储备头寸是指一国或地区在国际货币基金组织（International Monetary Fund，IMF）的储备档头寸加上债权头寸。IMF 的成员国可以无条件地提取其储备头寸用于弥补国际收支逆差。

储备档头寸又称"储备档贷款"，是指成员国以黄金、外汇储备或特别提款权认缴基金组织规定份额的 25%所形成的对基金组织的债权。

债权头寸是指 IMF 将某一成员国的货币贷给其他成员国使用而导致其对该国货币的持有量下降到不足该国本币份额的差额部分，以及成员国 IMF 超过份额的贷款部分。

知识链接

IMF

IMF 于 1945 年 12 月 27 日正式成立，其基本职能在于向成员国融通短期资金，调整国际收支的不平衡；维持汇率的稳定，以此来减缓各国由于国际收支危机所引起的货币贬值竞争与外汇管制的加强，以促进国际贸易的发展，提高就业水平与国民收入的增加。

IMF 是按成员国入股方式建立起来的带有企业性质的组织。它的管理方式、机构设置、表决权力等与西方国家的股份公司极为相似。IMF 的结构是由理事会、执行董事会、总裁和业务部门组成。

中国于 1945 年 12 月 27 日加入 IMF，是 35 个初始成员国之一。中华人民共和国于 1980 年 4 月恢复负责中国与 IMF 的关系。

特别提款权是指 IMF 对成员国根据其份额分配的可用于归还 IMF 贷款和成员国政府之间支付的一种账面资产。

特别提款权是 IMF 为了解决国际储备不足问题，经过长期谈判后于 1969 年在 IMF 第 24 届年会上创设的新的国际储备资产。这样做的目的是创设一种人造的储备资产作为弥补国际收支逆差的手段，以补充国际储备之不足。

自 1980 年我国正式恢复了在 IMF 和世界银行的合法席位以后，我国的国际储备资产也是由外汇储备、黄金储备、在 IMF 的储备头寸和特别提款权四部分构成。我国的黄金储备量自 20 世纪 80 年代以来一直是比较稳定的，基本维持在 127 百万盎司。因为我国在 IMF 中所占的份额较低，所以特别提款权和储备头寸的数额十分有限，约有 10 亿美元，占我国国际储备总额极小比例。外汇储备是我国国际储备资产的主体，占整个国际储备额的 90%以上。

（资料来源：作者根据相关资料整理。）

（二）国际储备的来源

1. 收购黄金

收购黄金包括两个方面：一方面是一国从国内收购黄金并集中至中央银行手中；另一方面是一国中央银行在国际金融市场上购买黄金。

2. 国际收支顺差

国际收支顺差包括经常项目的顺差和资本项目顺差两个方面。

经常项目的顺差是国际储备的主要来源。该顺差中最重要的是贸易顺差，其次是劳务顺差。资本项目顺差是国际储备的重要补充来源。目前，国际资本流动频繁且规模巨大，当借贷资本流入大于借贷资本流出时，就形成资本项目顺差。这种储备的特点就是由负债所构成，到期必须偿还。但在偿还之前，可作为储备资产使用。

3. 中央银行干预外汇市场取得的外汇

中央银行干预外汇市场的结果也可取得一定的外汇，从而增加国际储备。当一国的货币汇率受供求的影响而有上升的趋势或已上升时，该国的中央银行往往就会在外汇市场上进行公开市场业务，抛售本币，购进外汇，从而增加本国的国际储备。

> **议一议**
>
> 我国的国际储备增加主要来源是什么？

（三）适度国际储备水平

国际储备作用不小，但并不是越多越好。到底多少国际储备是合适的呢？这就涉及适度国际储备水平的问题。

适度国际储备水平是指一国或地区货币当局直接持有的，既能满足对外支付与干预外汇市场的需要又不会造成过多国际储备资产浪费的国际储备水平。

如何计算适度国际储备水平呢？

1. 成本-收益分析法

持有国际储备既有收益，又有成本。持有储备的收益表现为融资成本和调节成本的节约。一般来说，储备持有额越多，弥补国际收支逆差的能力越强，储备的收益也越大。与此同时，随着储备持有额的增加，弥补国际收支逆差的边际效用也将下降，从而导致持有储备的边际收益递减。

持有储备的成本表现为一国资本生产力与其储备资产收益率之差。持有的储备越多，持有储备的成本也会提高，而且其边际成本也随着储备的增加而增加。

一国适度的储备水平应该是持有储备的边际收益等于边际成本时的储备水平。

"边际"在经济学里的意思是新增加一单位所新增加的成本或收益。

2. 比例分析法

比例分析法认为，一国某一时期的国际储备供求受到多种因素的影响。因此，国际储备的测度及储备水平的确定都不可能用一个精确的数学公式来表示。测度的方法及储备水平标准应随国家的不同而不同，随时间的不同而不同。但是，考虑数据的可得性与计算的方便性，需要选择一种简单实用的方法进行测度，并且使用这种方法进行测度的结果应该足以表明当前和未来的储备水平能够保证国际间通货自由兑换的顺利进行。

适度国际储备水平的指标有哪些呢？具体而言，适度国际储备水平的衡量指标主要包括：①储备进口比率，即国际储备与年进口额的比例，国际储备应能满足 3 个月的进口需求，即年进口总额的 25%；②国际储备占国民生产总值的比例，一般来说，发达国家较低，发展中国家较高；③国际储备占外债总额的比例不超过 50%。

按照比例分析法，搜集相关数据，算一算我国的适度国际储备水平是多少。

3. 区间分析法

适度储备的目标区间是指以适度储备量为中心，确定一个目标区间，使一国储备持有额以较小幅度在适度储备水平左右波动。

目标区间的上限是一国保险储备量，它既能满足一国可能出现国际收支逆差时的对外支付，又能保证国内经济增长所需要的实际资源投入而且不会引起通货膨胀；目标区间的下限是一国经常储备量，它以保证一国正常经济增长所必需的进口不因储备不足而受到影响为原则。只要一国储备持有额保持在这个目标区间范围内，就可以认为该国国际储备量是适度的。因此，区间分析法为各国金融当局更加灵活地管理国际储备提供了更多的可能性与现实性。

以上最适度的国际储备水平的确定偏重总量分析，属于国际储备的数量管理。除此之外，还需要对国际储备的结构进行管理。

国际储备中外汇储备占有绝对比率，因此外汇币种选择和外汇资产形式选择就成为国际储备结构管理的重点。

（四）外汇储备资产结构

如何进行外汇储备资产结构的安排呢？

应尽可能地选择有升值趋势的"硬"货币，减少有下跌趋势的"软"货币，以避免储备货币汇率下降带来的损失。

储备货币币种结构应尽可能地与一国国际贸易结构和国际债务结构相匹配。这可以使该国在一定程度上避免兑换风险，节约交易成本，保证储备使用的效率。

储备货币要与干预外汇市场所需要的货币保持一致。

在充分考虑安全性和流动性的前提下，外汇储备应尽可能以高收益的货币形式持有。

此外，由于不同外汇储备资产的流动性和收益性各不相同，如何选择配置也需要根据各国的实际情况加以分析。

知识链接

根据外汇储备资产流动性的大小，可将外汇储备分为一线储备、二线储备和三线储备。

一线储备是指现金或准现金，如活期存款、短期国库券或商业票据等，这部分储备资产流动性最高，但同时收益率也最低。二线储备是指投资收益率高于一线储备，但流动性仍十分高的资产，如中期债券。三线储备是指流动性低于上述两部分资产的长期投资工具，如长期债券，其投资收益率一般较高，但风险也较大。

（五）我国的外汇储备管理

因为我国一直实行稳定的黄金储备政策，而且我们无法调整特别提款权和储备头寸，所以这里讨论的国际储备合理需求量的问题仅仅是就外汇储备而言的。

我国的外汇储备量，曾经饱受争议，双方似乎都有充足的理由。

1. 正方观点：我国的外汇储备量应高些

1）因为初级产品在我国出口商品中还占较大比重，我国工业制成品质量、包装和价格还存在一定问题，所以在国际市场上的竞争能力较弱，国际收支比较脆弱。

2）随着借用外资的增多，我国的外汇储备除用以弥补国际收支逆差的需要外，还要起到偿还外债的担保作用。

3）我国只能用外汇支付进口的商品与劳务，非外汇储备有限。

4）中国银行外汇结存并非全部可用来执行国际储备的职能。因此，我国需要持有较多外汇储备。

2. 反方观点：我国的外汇储备应低些

1）我国在国际金融市场有着较高的资信，具有较强的借用国外资金的能力。

2）目前，人民币还不是自由兑换货币，人民币汇率由国家统一通过行政手段制定，因此国家不需要干预外汇市场的外汇储备。

3）我国的外汇资金较为紧张，不宜将大量外汇资金放在外汇储备上。

4）利用外资是我国的一项不可动摇的基本国策，外汇储备大多是与利用外资的方针相抵触的。

但是，随着近年来我国外汇储备的剧增，截至2021年12月底，我国外汇储备总量达到32 502亿美元，高居世界第一，当前的外汇储备已经大大超过一般情况下的适度国际储备水平。因此，如何管理、运用外汇储备，使其保值增值成为重要问题，国家也进行了一些探索和尝试，出资2000亿美元组建的中国投资公司就备受关注。

中国投资公司是依据《中华人民共和国公司法》设立的国有独资公司，2000亿美元资本金来源于1.55万亿元特别国债。中国投资公司当前所从事的外汇投资业务以境外金融组合产品为主。公司将实行政企分开、自主经营、商业化运作，在可接受的风险范围内，实现长期投资收益最大化。

议一议　如何改善我国的国际储备管理？

任务三 外汇市场指标解读

核心指标

远期汇率
升水（at premium）
贴水（at discount）

一、认识外汇市场

我们知道，商品买卖是在各个市场里进行的，那么，各国的货币要到哪里进行交易呢？又该如何进行交易呢？

外汇市场是指由银行等金融机构、自营交易商、大型跨国企业参与的，通过中介机构或电信系统联结的，以各种货币为买卖对象的交易市场。

目前，世界上有 30 多个主要的外汇市场，它们遍布于世界各大洲的不同国家和地区。根据传统的地域划分，可分为亚太地区、欧洲、北美洲三大部分，其中，最重要的有欧洲的伦敦、法兰克福、苏黎世和巴黎，北美洲的纽约和洛杉矶，亚太地区的悉尼、东京、新加坡和中国香港等。外汇市场既可以是有形的，如外汇交易所，又可以是无形的，如通过电信系统交易的银行间外汇市场。

外汇市场有哪些特征呢？我们不妨从一些有特殊含义的数字开始介绍。

1. 24 小时不间断

一般的商店有特定的营业时间，如早上 9:00 到晚上 9:00，金融交易的市场通常也有特定的营业时间。例如，我国的银行营业时间一般是早上 9:00 到下午 5:00。股票交易时间则更短，我国 A 股市场交易时间为上午 9:30 到 11:30，下午 1:00 到 3:00。外汇交易却是 24 小时不间断的。这是怎么一回事呢？

不同国家的各个外汇市场被距离和时间所隔，它们相互影响又各自独立。这些外汇市场以其所在的城市为中心，辐射周边的其他国家和地区。一个中心外汇市场每天营业结束后，就把订单传递到另一个中心市场。

由于所处的时区不同，各外汇市场在营业时间上此开彼关，陆续挂牌营业，它们相互之间通过先进的通信设备和计算机网络连成一体，市场的参与者可以在世界各地进行交易，外汇资金流动顺畅，市场间的汇率差异极小，形成全球一体化运作、24 小时全天候运行的统一的国际外汇市场，见图 4.6。

5	6	7	8	9	10	11	12	13	14	14:30	15	15:30	16	17	18	19	20	20:30	21	22	23	23:30	24	00:30	1	2	3	4	5
			新西兰									伦敦																	
		悉尼							法兰克福																				
	东京																纽约												
		中国香港 新加坡																											

图 4.6　各主要外汇市场夏令时营业时间（以北京时间为基准）

2. 1 800 000 000 000 美元

这个数字恐怕一下子读不出来。这个数字是 1.8 万亿美元。

那么，它在外汇交易里表示什么含义呢？

它仅仅是目前全球外汇市场上平均一天的交易量，最高可超过 2 万亿美元。

2020 年，我国的国民生产总值是约为 1 015 986 亿元，按年度平均汇率折算接近 15 万亿美元，位居世界第二位。注意，这 15 万亿美元是一年的数值。

> **算一算**
>
> 除去节假日，全球一年的外汇交易大概有多少？

3. 100 倍杠杆

杠杆的含义是只要用少量资金就能进行大额的交易。

投资者进行外汇交易，如果交易的最小单位是 10 000 美元。在没有杠杆作用的情况下，无论是买或卖，交易者都必须拿出 10 000 美元才可以参与交易。但是，如果杠杆比率为 100 倍，那交易者无论买或卖，都只需拿出 100 美元。

此时，杠杆的倍数为 10 000 美元/100 美元=100。

通常，国际上外汇交易的杠杆倍数在 100 倍，最高可达 200 倍甚至 400 倍。

外汇交易杠杆比率远高于股票及期货市场，使交易者具备了根据市场波动获取最大盈利的能力。同时，杠杆比率也使小额投资者可以进入这个原本属于大投资的市场。当然，我们必须认识到杠杆比率是一把双刃剑，它能使投资者迅速获利，但也很容易迅速亏本。

> **议一议**
>
> 为什么说杠杆交易是"双刃剑"？

二、即期外汇交易

即期外汇交易（spot exchange transaction）又称现汇交易或现汇买卖，是双方以约定的汇率交换两种不同的货币，并在两个营业日内进行结算的外汇交易。

在外汇市场上，报价银行在报出外汇交易价格时一向采用双向报价法，即同时报出银行买入价（bid rate）与卖出价（offer rate）。

　　如何区分买入价和卖出价呢？它们又是什么含义呢？在图 4.7 中，"2.0102/06"是"2.0102/2.0106"的省略形式，因为前面三位数字相同，故习惯上省略不写。它的确切含义是银行向客户买入 1 英镑需要支付 2.0102 美元，而银行向客户出售 1 英镑能够得到2.0106 美元。

GBP/USD=2.0102/06

较小的数字是　　　　较大的数字是
基础货币的买入价　　基础货币的卖出价

图 4.7　汇率报价示例

想一想

如果 EUR/USD=1.5102/06，买入价、卖出价分别是多少？

　　买入汇率又称买入价，是外汇银行向同业或客户买进基础货币时所使用的汇率。

　　卖出汇率又称卖出价，是外汇银行向同业或客户卖出基础货币时所使用的汇率。

　　买价与卖价之间的价格差别称为价差（spread）。

　　买卖价差的幅度，一般是随外汇市场的稳定程度、交易的币种、交易地点及外汇交易量的不同而发生波动的。外汇市场越稳定，交易额越大，以及越常用的货币，差价越小；市场越不稳，交易量越小，外汇市场位置相对于货币发行国越远，则差价幅度越大。

小贴士

　　公司、企业或其他客户向银行买入外汇时，应使用卖出汇率，而向银行卖出外汇时，应使用买入汇率。由于在外汇买卖过程中，银行作为一种服务机构，主要通过低买高卖来获取收益，因此判断买入汇率和卖出汇率仍需遵从相应的标准。

　　中间汇率又称中间价，是买入汇率与卖出汇率的平均数，即中间汇率=（买入汇率+卖出汇率）/2。它是不含银行买卖外汇收益的汇率。中间汇率常用来衡量和预测某种货币汇率变动的幅度和趋势。中国人民银行每日公布的汇率即为中间汇率，又称基准汇率。

　　现钞汇率又称现钞价，是指银行买卖外币现钞的价格。

　　之前我们讨论的买入价和卖出价是现汇汇率，它与现钞汇率不同。

　　居民个人由境外汇入的外汇或携入的外汇票据可以理解为"现汇"，均可以开立现汇账户存储。

　　"现汇账户"是指由我国香港、澳门、台湾地区或者境外汇入外汇或携入的外汇票据转存款账户。

　　"现钞账户"是指境内居民个人持有的外币现钞存款账户。

　　如果手中的美元资产不是以国外银行存款或外币支付凭证（如汇票、本票、电汇凭证等）的形式存在，就应该使用现钞买入价，要损失一点。

　　如果把"现汇"卖给银行，就是把在国外银行的外汇存款卖给银行。这笔外汇存款从被卖给银行的那一刻起，就从客户的名下转移到银行的名下。银行只要做相应账务处理，就可以马上得到这笔在国外银行的外汇存款，并可以马上开始计算利息。

如果把"现钞"卖给银行，由于外币现钞不能在交易的当地流通使用，需要把现钞运往国外，所以它不仅不能立即获得存款和利息，还需要支付费用保管现钞。等到现钞积累到足够数量，银行才能把这些外币现钞运送到国外，储存在国外的银行里。直到此时，银行才能获得在国外银行的外汇存款并开始获得利息。银行收兑外币现钞需要支付的具体费用包括现钞管理费、运输费、保险费、包装费等、这些费用就反映在现钞买入价低于现汇买入价的差额里。

因此，在直接标价法下，银行在买入外币现钞时要将这些成本考虑在内，故而出价更低，数字最小。

例如，2020 年某日银行电子告示牌显示，美元兑人民币的买入价、卖出价和现钞买入价分别为 6.5320、6.5380 和 6.5222，其含义是：将 1 美元现汇卖给银行，按买入价计算可得 6.5320 元人民币；而将 1 美元现钞卖给银行，只能按现钞买入价计算得 6.5222 元人民币；向银行购入 1 美元现汇或现钞，则需支付 6.5380 元人民币。

> **想一想**
>
> 如果某日银行电子告示牌显示，美元兑人民币报价分别为 6.4320、6.4380 和 6.4222，请说出买入价、卖出价和现钞买入价。

知识链接

即期外汇交易的报价采用省略方式。外汇市场上交易非常繁忙，报价力求简练，只要熟知行情的人能听懂就可以。因此，外汇银行之间通过电话、电传等报价时，报价银行通常只报最末两位数或三位数，即两位或三位基本点。例如，德国某银行打电话给日本某银行询价时，当时日本银行的即期汇率为 USD/JPY=118.30/118.60，该行回答询价时只报 30/60。如果英镑对美元的汇率为 GBP/USD=1.5510/1.5520，报价行的交易员只报 10/20，原因是银行有关的外汇交易人员对 10/20 前面的数字十分清楚。

三、远期外汇交易

远期外汇交易（forward exchange transaction）是指交易双方在成交后并不立即办理交割，而是事先约定币种、金额、汇率、交割时间等交易条件，到期才进行实际交割的外汇交易。

交割日在成交两个营业日以后的外汇交易属于远期外汇交易。交割期限不同是远期外汇交易与即期外汇交易的根本区别。

1. 远期汇率

在远期外汇交易中，外汇报价较为复杂。因为远期汇率不是已经交割，或正在交割的现实的汇率，它是人们在即期汇率的基础上对未来汇率变化的预测。远期汇率以即期汇率为基础，但又不同于即期汇率。远期汇率有全数报价法和省略报价法两种。

全数报价法又称直接报价法，是指银行直接报出某种货币的远期外汇交易的买入价和卖出价。一般而言，远期外汇的买卖差价要大于即期外汇的买卖差价。

省略报价法是指银行只报出货币远期汇率和即期汇率的差价。这个差价称为远期汇水（forward margin）。银行总是用升水、贴水、平价来表示远期差价的。远期汇率的变动受两国利率的变化和外汇市场供求状况的影响。

2. 升水与贴水

升水：当某货币在外汇市场上的远期汇率高于即期汇率时，称为升水。表示外汇远期升值。

贴水：当某货币在外汇市场上的远期汇率低于即期汇率时，称为贴水。表示外汇远期贬值。

平价（at par or flat）：远期汇率与即期汇率相同。

升水和贴水是一个相对的概念，A 货币相对于 B 货币的远期汇率是升水，就是 B 货币相对于 A 货币的远期汇率是贴水。在没有特别指明的情况下，升水和贴水是指外汇升水和外汇贴水（在直接标价法下是基础货币对报价货币的升水和贴水）。

如何判断升水、贴水呢？

与即期汇率买卖价的数字始终前小后大不同，远期汇率升贴水的数字前后大小关系则有变化。

前小后大，基础货币远期升水。

前大后小，基础货币远期贴水。

按照惯例，银行总是按照省略报价法只报出汇水，即远期汇率和即期汇率的差价。

3. 远期汇率的计算

如何根据即期汇率和外汇升/贴水计算远期汇率呢？

在不同的汇率标价方式下，远期汇率的计算不同。

直接标价法：

$$远期汇率=即期汇率+升水$$

或

$$远期汇率=即期汇率-贴水$$

间接标价法：

$$远期汇率=即期汇率-升水$$

或

$$远期汇率=即期汇率+贴水$$

注意：间接标价法的升水、贴水与直接标价法不同。

若不考虑标价法，则可得到更简单的远期汇率的计算公式：基础货币远期汇率，根据升水与贴水点数，前小后大往上加，前大后小往下减。

例如，某日纽约的银行报出的英镑买卖价为即期汇率 GBP/USD=1.6783/9.3 3 个月远期贴水 80/70。

汇水前大后小，判断为基础货币（即英镑）贴水，计算得 GBP/USD 3 个月远期买入价=1.6783-0.0080=1.6703，3 个月远期卖出价=1.6793-0.0070=1.6723，即 3 个月远期汇率为 GBP/USD=1.6703/1.6723。

远期汇率的计算步骤如下。

1）判断。前大后小，即英镑兑美元贴水，用减法。

2）对齐。"斜杠对齐、末位对齐"。若发现最末两位不够减（如 53 不够减 80，63 不够减 70），则要退位。为了避免出错，可以先把买卖价都补齐。

$$
\begin{array}{r}
1.6753/63 \\
-\quad 80/\ 70 \\
\end{array}
\qquad\longrightarrow\qquad
\begin{array}{r}
1.6753/1.6763 \\
-\quad 80/\quad\ \ 70 \\
\hline
1.6673/1.6693 \\
\end{array}
$$

3）计算。远期汇率的差价比即期汇率要大，若计算的远期汇率其差价小于即期汇率的差价，则计算结果有误。

四、远期汇率的决定

在正常的市场条件下，远期汇率的升水与贴水取决于两国货币短期市场利率的差异，而大致和利息差异保持平衡，两国利差是构成升水或贴水的基础。

若伦敦短期市场上的年利率 9.5%，纽约短期市场的年利率 7%，英镑与美元的汇率是：1 英镑=1.96 美元。若英国利率高于美国，则资金流到英国更有利，美国投资者为了获得高利率回报，会购入即期英镑，并将其存入伦敦的银行，但同时为了规避汇率风险，会同时卖出远期英镑，这种掉期操作的结果必然会增加远期英镑的供给，从而使远期英镑的价格下降，即远期英镑贴水。

那么远期英镑贴水多少才能使市场保持平衡呢？一个基本原则就是远期英镑贴水给投资者带来的损失恰好等于利率差给他们带来的额外收益，因为只要两种收益不相等，就必然存在着套利机会，从而就会不断地有新的交易发生，直到两者平衡，套利机会消失为止。因此，远期汇率升水、贴水的具体数字可以根据两种货币利率差与即期汇率推导计算，这称为利息平价机制。

利息平价机制可以归纳为：利率较高的货币其远期汇率表现为贴水，利率较低的货币其远期汇率表现为升水。

> **想一想**
>
> 　　若伦敦的短期市场上的年利率 6%，纽约短期市场的年利率 7%，在利息平价机制的作用下，英镑远期会升水还是贴水？

需要注意的是，利率因素是影响远期汇率的根本因素，但不是唯一因素，除了利率因素，汇率法定贬值与升值、汇率上浮和下浮、国际贸易的消长、外汇投机活动、有关国家政局动荡及整个国际经济形势的急剧变化等因素都会对远期汇率产生影响，它们对远期汇率的影响是难以用数字计算和表达的。因此，在实务中，实际的远期汇率远比利息平价机制要复杂得多，远期汇率使外汇市场捉摸不定，变化莫测。

指标解释

- 汇率：货币的兑换比率，是以一种货币表示另一种货币的价格。
- 直接标价法：购买一定数量的外国货币应付多少本国货币。
- 间接标价法：一定数量的本国货币能换回多少外国货币。
- 非农就业人口：统计从事农业生产以外的职位变化情形。
- 贸易顺差：在特定年度一国或地区出口贸易总额大于进口贸易总额。
- 贸易逆差：在特定年度一国或地区进口贸易总值大于出口贸易总值。
- 国际收支：在一定时期内一国或地区居民与非居民之间全部经济交易的系统记录。
- 国际收支平衡表：在一定时期（通常为 1 年）内一国或地区与其他国家所发生的国际收支按项目分类统计的一览表。
- 外汇储备：一国或地区货币当局所持有可兑换货币和用它们表示的支付手段。
- 国际储备：一国或地区货币当局持有的，用于国际支付、平衡国际收支和维持其货币汇率的国际间可以接受的一切资产。
- 适度国际储备水平：一国或地区货币当局直接持有的，既能满足对外支付与干预外汇市场的需要，又不会造成过多国际储备资产浪费的国际储备水平。
- 升水：某货币在外汇市场上的远期汇率高于即期汇率。
- 贴水：某货币在外汇市场上的远期汇率低于即期汇率。
- 杠杆：只要用少量资金就能进行大额的交易。

核心指标解读要点

- 汇率如何表示？
- 在直接标价法下和间接标价法下汇率涨跌如何判断？
- 汇率涨跌的一般判断规则是什么？
- 经济增长、对外贸易、利率水平和通货膨胀水平对汇率有何影响？
- 如何解读影响汇率的经济数据？
- 非农就业人口如何影响汇率？
- 汇率变动对经济产生什么影响？
- 国际收支记账的规则是什么？
- 国际收支失衡有什么影响？
- 外汇储备有什么作用？
- 如何计算适度国际储备水平？
- 如何进行外汇储备资产的结构安排？

- 如何区分买入价和卖出价？它们分别有什么含义？
- 如何判断升水和贴水？
- 如何根据即期汇率和汇水计算远期汇率？

【在线学习】

访问中国人民银行网站 http://www.pbc.gov.cn/，查看人民币汇率中间价图表，了解人民币汇率的基本走势。

访问国家外汇管理局网站 http://www.safe.gov.cn/safe/index.html，进入"出版物"栏目，查看历年中国国际收支报告，了解我国的国际收支状况。

项目五 保险市场指标解读

学习目标

1. 知识目标

1）了解人寿保险的分类。
2）熟悉汽车保险的政策及责任。
3）掌握社会保险的基本内容。

2. 能力目标

1）能分析投保人（被保险人）的保险利益及分红测算。
2）能解释养老金替代率的测算。

情境导入

小金马上大学毕业了，最近一直在找工作，很多单位没有提及社会保险问题，甚至有的单位还跟他说，每月工资高一点，社会保险就不用缴纳了。小金听别人讲过，缴纳社会保险还是很重要的，没有社会保险就没有基本保障，但是现在找一份理想的工作不易，小金有点犹豫。

思考：如果你是小金，你该怎么办呢？你身边的同学有这样的苦恼吗？

任务一　人寿保险指标解读

核心指标

保险费（insurance premium）
保险金额
分红保险的红利

小看板

保险费收入

2022 年 3 月 1 日，中国银行保险监督管理委员会公布了 2022 年 1 月保险业经营数据。统计信息显示，2022 年 1 月，保险业原保险保费收入 9793 亿元。

一、保险概述

1. 为什么要买保险

保险是由面临同样风险的众多个人和单位提供资金，为其中实际遭受损失的少数人分担损失的一种制度。保险公司就是办理各种保险业务的专业公司。公民参加保险以后，平时交付一定的保险费，一旦发生意外损失，即可按照合同的规定，从保险公司那里获得相应的经济补偿。

人的一生中存在各种各样的不确定性，意外事件一旦发生经常会造成经济损失。参与保险只需定期支付小额保费，就可以将由风险事故导致的经济损失转嫁给保险公司。另外，参与人寿保险有时还可以获得投资收益及融资的便利。

小贴士

传统险和创新险

为了较好地阐述四类保险（传统险、分红险、投资联结保险、万能保险）的特征和差别，可以将其拆分成两个比较容易理解的简单金融产品：传统险和创新险。

（1）传统险

传统险是所有保险中最简单的险种，其条款通常比较简单，即客户支付一定的保费，当保险事故发生时保险公司根据约定的保险金额赔付，除此之外，保险公司和客户之间没有其他的资金往来。

（2）创新险

创新险有分红险、投资联结保险、万能保险。

分红险=传统险+保险公司股票

其中，该保险公司即是一个虚拟的，只经营传统险的保险公司，且它每年至少将公司利润的70%分配给股东。

投资联结保险=传统险+一组可选基金

其中，客户可以在这些基金之间选择自己想要的投资组合，但是公司不保证最低收益率。

万能保险=传统险+基金

其中，该基金是一个虚拟的封闭式基金，它的投资行为不透明并且不需要客户参与，客户可以分享其投资收益，同时基金保证客户一个最低的收益率。

知识链接

银 行 保 险

银行保险业务是银行与保险公司以共同客户为服务对象，以兼备银行和保险特征的共同产品为销售标的，通过共同的销售渠道，为共同的客户提供共同产品的一体化营销和多元化金融服务的新型业务。

一是银行代理模式，保险公司提供产品，银行提供销售渠道，收取手续费；二是战略伙伴关系，银行与保险公司建立密切的联系，签订较为长期的合同，银行除收取手续费外，还分享保险业务的部分利润；三是银行入股保险公司，通过股权纽带参与经营保险业务。国内比较广泛采用的是第一种模式，其他模式也在发展过程中。

国际上银行保险要得到较好的发展，建立密切的资本联系是十分必要的。银行保险的深化是一个从产品合作走向资本合作的过程。从经济学角度看，产品合作以分销渠道为主，存在一个委托代理机制，信息不对称会导致短期效应、成本加大和道德风险，所以会逐渐转向资本合作，相互分享成长的利润。

（资料来源：陶育酰，2016. 我国银行保险发展模式及对策研究[J]. 商，2016（3）：154；梁戈，2021. 银行保险营销模式的创新探索[J]. 现代商业，2021（22）：103-105.）

2. 保险条款

保险条款（insurance clause）是指保险单上规定的有关保险人与被保险人的权利、义务及其他保险事项的条文。保险单上都印有保险条款，其中事先印在保单上的条款称为"基本条款"，有些法律规定必须列入的内容，即"法定条款"也包含其中。此外，保险人根据业务需要载入保单的称为"选择条款"；按照被保险人要求增加承保危险的称为"附加条款"。

保险主体包括投保人、被保险人和受益人。

投保人是指与保险人订立保险合同，并按照合同约定负有支付保险费义务的人。

投保人在投保时需履行哪些义务？

（1）告知的义务

投保人需按最大诚信原则履行如实告知的义务，否则将严重地影响合同的合法性。如出现虚假告知情况，严重的将使合同失去法律效力，最终使投保人的经济利益遭受损失。告知的内容一般在投保单上均已详细列明，特别要注意的是，保险只能保有可能发生的风险，对已发生的或肯定将要发生的风险是不能投保的。凡是已处于危险状态或已发生保险事故的标的，或者是不具有保险利益的标的，是不能投保的。例如，已患绝症或重病的人员，不能隐瞒真相去投保，否则，情节严重的将受法律的惩罚。

（2）缴纳保险费的义务

按约定缴纳保险费，这既是投保人应尽的基本义务，又是保险合同成立的一个重要条件。

被保险人是指其财产或者人身受保险合同保障，享有保险金请求权的人。投保人也可以为自己投保，成为被保险人。

受益人是指人身保险合同中由被保险人或者投保人指定的享有保险金请求权的人。投保人、被保险人可以为受益人。

保险费简称保费，指投保人为取得保险保障，按合同约定向保险人支付的费用。投保人按约定方式缴纳保险费，是保险合同生效的条件。

保险费率（premium rate）是由保险公司根据一定时期、不同种类的货物的赔付率，按不同险别和目的地确定的。

保险费的计算公式为

$$保险费 = 保险金额 \times 保险费率$$

保险金额是保险利益的货币价值表现，既是投保时给保险标的确实的金额，又是保险人计收保险费的收据和承担给付保险金责任的最高限额。

基本保险金额的概念在《中华人民共和国保险法》（以下简称《保险法》）中并无体现，但是按照保险原理，基本保险金额应该是指保险合同的基本保险金额。

基本保险金额与投保金额的不同在于基本保险金额是保险合同项下计算不同保险项目之最终保险责任的基本参数，而投保金额不过是当事人约定这一基本参数时所要考虑的重要因素之一。也就是说，基本保险金额既可以被双方当事人约定为等同于投保金额，又可以被约定为大于或小于投保金额，甚至在同一份保险合同的不同保险项目中可以出现不同的基本保险金额。

对保险条款理解有异议是否应作有利于被保险人的解释？

邻居季某的现金、首饰被盗，损失约 8000 元。他于当日和次日分别向公安部门和保险公司报案。3 个月后未破案，便向保险公司索赔，保险公司却以公安部门的勘查笔录"门窗无撬窃痕迹"为由拒赔。季某不服，认为除了家庭财产综合保险附加现金、首饰盗抢保险条款中的"保险责任"所列举的现象，盗窃的手段还有很多，其他情况难道都不是盗窃？请问：在被保险人与保险公司对条款的理解持有异议时，是否应该做出有利于被保险人的解释？

《保险法》第三十条规定："采用保险人提供的格式条款订立的保险合同，保险人与投保人、被保险人或者受益人对合同条款有争议的，应当按照通常理解予以解释。对合同条款有两种以上解释的，人民法院或者仲裁机构应当作出有利于被保险人和受益人的解释。"

但在适用该规定时，不能无限扩大，不能错误地认为凡是被保险人与保险人有争讼时，就要做出有利于被保险人的判决。因为保险是一种特殊性质的经济补偿制度。保险公司所承担的危险赔偿责任实际上是由全体参加保险的成员来分担的，对个别成员有利的并非对全体成员有利。因此，在适用这条规定时，必须合情合理。

况且，保险合同条款的解释还应遵循其他原则：①附加条款优于标准条款的原则；②按文句本身的普通意思去解释的原则；③当事人真实意图解释原则；④专业解释原则。按国际惯例，只有在应用其他原则不能获得正确解释的情况下，才适用有利于被保险人的解释原则。

本案所涉及的家庭财产综合保险附加现金、首饰盗抢保险条款中的"保险责任"采用的是列举方式，也就是说，保险标的只有在遭受条款所列的情形时，保险人才负责赔偿。具体所列情形是"由于遭受外来人员撬、砸门窗，翻墙掘壁，持械抢劫，并有明显现场痕迹经公安部门确认盗抢行为所致丢失、损毁的直接损失且3个月以内未能破案"。

由于勘查笔录中明确有"门窗无撬窃痕迹"的表述，不论按照专业解释，还是按照字意解释，都不属于条款列举的损失范围，并非含糊不清，保险公司就不承担赔偿责任。因而，不适用有利于被保险人的解释原则。

二、普通人寿保险

1. 定期寿险

定期寿险又称定期死亡保险，是指以被保险人在约定期间内发生死亡保险事故而由保险人给予保险金的保险。

固定保险金额定期寿险又称平准式定期寿险，是指保险金额在整个保险期间保持不变，即不随保险期的经过年数而改变的保险。

保险金额递减定期寿险是指死亡给付金额随着时间的推移而逐年递减。

保险金额递增式定期保险与递减式定期保险相反，保险金额递增式定期寿险是指死亡保险金额随着合同的经过年数而逐年增加。

保险利益是指投保人对保险标的具有的法律上承认的利益。《保险法》中对人寿保险合同的保险利益有如下规定："人身保险的投保人在保险合同订立时，对保险标的应当具有保险利益。""投保人对下列人员具有保险利益：（一）本人；（二）配偶、子女、父母；（三）前项以外与投保人有抚养、赡养或者扶养关系的家庭其他成员、近亲属；（四）与投保人有劳动关系的劳动者。除前款规定外，被保险人同意投保人为其订立合同的，视为投保人对被保险人具有保险利益。"

注意风险

保 险 金 额

对于保险金额的更改问题，长期的人身保险合同不能要求增加保险金额。当投保人要求增加保险金额时，视作投保新的保单处理，保险公司必须进行核保，以控制自己的保险责任。一般来说，保险金额也不可以降低，但是分期交费的人身保险合同，中途投保人无力或不愿继续交费，处理方法之一是把已经积存的保单的责任准备金趸缴以后剩余期限的保险费，保险期限和保险责任均不改变。事实上缴纳的保险费减少，必然导致保险金额的相应降低，也就是说，保险金额发生变更。这种情况往往根据保险合同约定条款自行生效，保险公司不必核保，投保人也可以不向保险公司提出申请，由保险公司根据责任准备金直接算出降低后的保险金额即可。短期的人身保险由于保费多已交清，不予变更保险金额。

定期寿险的特点如下。

1）保险期限可以从很短到很长，如几个月、1年、5年，甚至更长。

2）保险费率很低。和相同保险期限的其他的险种相比，定期寿险的费率最低，这是因为保险人承担的保险责任只有"死亡"一种。

3）定期寿险的保险金只能由其受益人领取。这是因为此保险是以被保险人的死亡为给付保险金的条件。因此，定期寿险是一种为他人利益投保的险种。

4）定期寿险契约期满被保险人仍然生存，则保险费不退还；定期寿险中退保，保险费也不退还。

2. 终身寿险

终身寿险又称终身死亡保险，是指从保险合同生效之日起，被保险人在任何时间内死亡，保险人向受益人给付保险金，或被保险人生存到100岁，保险人向被保险人给付保险金。

终身保险的缴纳方式如下。

1）趸交终身寿险。投保人于投保时一次性缴足终身寿险的全部保险费。

2）一般终身寿险。保险费按期交付。这种保险费比其他任何险种（除定期寿险之外）的保险费都低。但投保人只要活着，就要按时交费。

3）限期交费的终身寿险。投保人在某个期间内分期交付保险费，如5年、10年、15年、20年或30年等，也有的规定交到某个年龄为止。

终身寿险还有一些较为流行的新险种。例如，联合终身寿险，即由两个或两个以上为被保险人投保终身寿险，若其中一人死亡，则生存的人就可以领取全部保险金。这里要求共同投保的人之间必须在经济利益上有密切关系。通常的情形有以下几个方面。

1）夫妻两人联合投保，一旦一方身故，另一方就可以获得保险金，这样就不至于使生存方的生活发生困难。

2）合伙人联合投保，这样就可以消除因某一合伙人死亡给公司经营带来的损害。

3）公司中主要干部联合投保，保险费由公司交付，公司为受益人，若某个干部死亡，公司就可以从保险人处获得保险金，从而在一定程度上弥补个人死亡给公司带来的影响。

3. 两全保险

两全保险又称生死合险。它要求保险公司不仅当被保险人在保险期内死亡时向其受益人给付死亡保险金，而且在被保险人生存至保险期间届满也向其本人给付生存保险金，因此，两全保险是定期死亡保险和定期生存保险的综合。

《××红利两全保险》实例解说

（以男性为例）

1）本险的投保年龄为0~65岁，保险责任终身。

2）本险交费期为5年、10年、15年、20年和30年，客户可根据自己的情况选择不同的交费期。

3）18岁以下的客户最多购买10万保险金额，18岁及以上没有限制。

4）本险可以与"附加红利提前给付重大疾病保险"及"附加豁免保险费重大疾病保险"等组合，以提供更全面的保障。

以购买10万元保险金额为例，见表5.1和表5.2。

表5.1　保障范围与保险利益

保障范围	保险利益
生存保险金	从保单生效日起，每满三周年返8000元现金，终身给付
身故保险金	给付10万元身故保险金
生命尊严提前给付	确诊为严重疾病末期且平均存活期为6个月，可申请"提前给付保险金"
保单红利	根据分红类保险的实际盈利状况，按保险监督机关有关规定确定红利分配

表5.2　保险利益及分红测算表

投保年龄（女性）	年交保费	保险利益科目	保单年度末保险利益（假设中结算利率）/元				
			第20年	第30年	第40年	第50年	第60年
0周岁	9060元 10万保险金额 20年交费	生存总利益	202 126	313 159	461 296	659 318	924 109
		身故总利益	208 476	316 119	468 816	663 138	923 979
12周岁	8880元 10万保险金额 20年交费	生存总利益	201 954	311 819	458 061	653 183	913 755
		身故总利益	207 504	313 729	464 321	655 603	912 165
24周岁	17440元 20万保险金额 20年交费	生存总利益	403 691	620 385	907 996	1 290 981	1 802 400
		身故总利益	412 611	621 585	917 676	1 293 081	1 796 600

续表

投保年龄（女性）	年交保费	保险利益科目	保单年度末保险利益（假设中结算利率）/元				
			第20年	第30年	第40年	第50年	第60年
33周岁	17240元 20万保险金额 20年交费	生存总利益	403 709	617 646	900 854	1 277 763	1 781 838
		身故总利益	410 669	616 646	908 494	1 378 263	1 774 358
42周岁	17240元 20万保险金额 20年交费	生存总利益	403 954	614 744	893 212	1 263 987	1 761 890
		身故总利益	408 794	611 564	899 192	1 263 547	1 752 310
51周岁	17740元 20万保险金额 20年交费	生存总利益	405 498	613 444	887 681	1 253 611	超显示限额
		身故总利益	408 238	608 264	892 561	1 252 751	超显示限额

小看板

温馨提示

1）"生存总利益"为"现金价值"+"累积生存金"+"保单红利"，是假设当时退保客户保险利益的累计值。

2）"身故总利益"为"身故保险金"（保险金额）+"累积生存金"+"保单红利"。

3）"累积生存金"是指每满三年给付的生存金在不领取情况下按3%年利率累积生息而成的生存金。

由于两全保险是由定期寿险和生存保险这两部分责任组成，实际上可视为一部分风险保障和一部分储蓄的结合。在两全保险中，随着时间的推移，风险保费逐年下降，至保险合同到期时为零，相应的储蓄部分逐年上升，至保险合同期满时达到合同的保险金额。

知识链接

投保人可以为哪些人投保人寿保险

人身保险合同是一种以人的寿命和身体为保险标的的合同。为了防止赌博和减少道德危险，《保险法》对人身保险合同的被保险人做出了严格的规定。《保险法》第十二条规定："人身保险的投保人在保险合同订立时，对被保险人应当具有保险利益。"《保险法》第三十一条等条款规定，下列人员可以作为人身保险合同的被保险人。

1）投保人本人。

2）投保人的子女（父母为其成年子女投保以死亡为给付保险金条件的人寿保险，需经被保险人书面同意并认可保险金额；父母不能为其无民事行为能力的成年子女投保以死亡为给付保险金条件的人寿保险；但父母为其未成年子女投保不受上述两条的限制）。

3）投保人的配偶、子女、父母或对投保人有抚养、赡养或扶养关系的家庭其他成员、近亲属（民事行为能力人除外。投保以死亡为给付保险金条件的人寿保险，需经被保险人书面同意并认可保险金额，否则，合同无效）。

4）除前款规定以外，同意投保人为其订立合同的其他人（无民事行为能力人除外。投保以死亡为给付保险金条件的人寿保险，需经被保险人书面同意并认可保险金额，否则，合同无效）。

（资料来源：作者根据相关资料整理。）

4. 其他人寿保险产品

生存保险是以被保险人的生存为给付保险金的条件，若被保险人在约定的期限或到达约定的年龄前死亡，保险人不承担给付保险金的责任，也不退还保险费。

可以调整的人寿保险单是指可以改变保险金额和费率的保险。

少儿保险是父母或抚养人替其从刚出生至 17 岁的子女投保的一种人寿保险。

简易人寿保险是一种保险金额小、不要求被保险人进行体检、按月收取保险费，是一种适用于低收入家庭的寿险产品。

信用人寿保险是以债务人为被保险人，以债权人或债权人指定的人为受益人，保险金额为贷款本利和，保险期间等于借款期限的定期寿险。

三、创新型人寿保险

1. 分红保险

分红保险又称利益分配保险，是指签订保险合同的双方事先在合同中约定，当投保人所购险种的经营出现盈利时，保单所有人享有红利分配权。

分红保险的红利来源如下。

1）利差益是指实际投资回报率大于预定利率所产生的盈余。计算公式为

$$利差益=(实际资金运用收益-预定利率)\times责任准备金$$

2）死差益是指实际死亡率小于预定死亡率所产生的盈余。计算公式为

$$死差益=(预定死亡率-实际死亡率)\times风险保险金额$$

3）费差益是指实际费用率小于预定费用率所产生的盈余。计算公式为

$$费差益=(预定费用率-实际费用率)\times保险金额$$

红利的分配方式如下。

1）现金领取。

2）累积生息，即受益人将红利存留在保险人处以复利计息获取收益。

3）抵交保险费。红利可用来抵缴到期应缴纳的保险费。若红利的金额不足以抵缴到期保险费，则不足部分由投保人补齐。若红利的金额超过到期保险费，则剩余部分累计生息，也可以现金方式支取。

4）缴清增值保险。根据被保险人当时的年龄将红利作为趸交保险费购买非分红缴清保险。

2. 投资联结保险

投资联结保险变额寿险，是指保险金额可以变动的寿险。寿险公司为被保险人设立单独账户，将资金进行投资，保险金额随投资收益而变化。在变额人寿保险中保险人对投资收益率不做任何保证，把所有投资风险都转嫁给保险单所有人，保险人只承担死亡率和费用变动风险。

投资联结保险与分红保险的区别如下。

1）归属类别不同。虽然分红保险比传统寿险增加分红的功能，使投保人可以分享保险人的投资收益和经营利润，但保险费只提供保障，不分成两个部分。投资连结保险较传统的险种具有更强的投资功能，它将保单的保险利益水平与独立投资账户的投资业绩直接连结起来，缴付的保险费除少部分用于购买保险保障外，其余部分通过购买由保险公司设立的独立账户中的投资单位而进入投资账户。

2）收益的来源不同。分红保单的收益来源于费差益、死差益及利差益。投资联结保险的收益主要来源于投资账户的收益。

3）可能的收益率水平不同。分红保险以保值满足保险给付为主要目的，因此投资策略大多比较保守，可能的收益水平相对较低。投资连结保险是以资产的保值增值、为客户获取最大的收益为目的。投资策略的选择或者相对而言比较积极，或者根据客户的要求选择，一般投资风险较大，收益率水平相对而言较高。

4）收益的分配不同。保险人每年分给持有保单客户红利的多少，取决于该保险人上一会计年度该险种业务的实际经营成果，保险人向保单持有人实际分配盈余的比例不低于当年可分配盈余的70%；投资连结保险投资账户的投资回报，除保险人每月提取投资动作资金的0.1%左右作为管理费用外，剩余的投资利润全由客户享受。

5）承担的风险不同。分红保险的风险由保险人和客户共享，风险共担。投资连结保险的风险则由保单持有人承担。

6）透明度不同。分红保险的保险费只提供保障，不分成投资和保障两个部分，资金的动作不向客户说明，保险人只是在每个保险合同周年日以书面形式告知保单持有人该保单的红利金额，透明度较低。投资连结保险则不同。

3. 万能寿险

万能寿险又称变额万能人寿保险或弹性缴费寿险，它是一种保费和保险金额都变动的寿险产品。

万能寿险的特点如下。

1）灵活性。万能寿险的最大特点是其具有灵活性，即保费缴纳的可选择性和保险金额的可调整性。

2）保单动作的透明性。保险人向投保人定期公开组成账户价格的各种因素。投保人每年可以得到一份保单信息表，用以说明保费、保险金额、利息、保险成本、各项费用，以及保单现金价值的数额与变动状况，从而便于客户进行不同产品的比较和监督保险人的经营状况。

📅 **知识链接**

主险与附加险

主险又称基本险，是指无须附加在其他险别之下的、可以独立承保的险别。

附加险是指附加在主险合同下的附加合同，参加附加险的前提是必须购买主险。

主险与附加险的区别：主险是指可以单独投保的保险险种；附加险是指不能单独投保，只能附加于主险投保的保险险种。主险因失效、解约或满期等原因效力终止或中止时，附加险效力也随之终止或中止。例如，投保康宁终身保险，可附加投保附加住院医疗保险、附加住院医疗生活津贴保险等；又如，购买机动车辆保险时，有投保车辆损失险、第三者责任险、盗抢险、玻璃单独破碎险、无过失责任险等险种。其中，车辆损失险、第三者责任险是主险，盗抢险、玻璃单独破碎险、无过失责任险是附加险。

（资料来源：作者根据相关资料整理。）

四、年金保险

1. 年金保险的性质

年金保险是保险人承诺在一个约定时期或被保险人的生存期内按照合同的约定进行定期给付的一种人身保险。

人口的老龄化对我国经济的发展产生诸多方面的影响，用于老年社会保障的费用大量增加，给政府带来沉重负担。由于我国尚未有健全、完备的社会养老保障体系，适宜的年金保险产品则是减轻政府养老负担的有效途径之一。

2. 年金保险与人寿保险的区别

1）保险金给付的条件不同。在人寿保险中，以被保险人死亡作为给付保险金的条件，而在年金保险中以被保险人生存至约定时期作为给付条件。

2）保障的功能不同。人寿保险的主要功能在于为受益人积累资金作为抚养遗属的费用；年金保险则是积累资金供被保险人养老使用。

3）承保方式不同。年金保险对保险人而言承保的是生存风险，因此在承保时，保险人对被保险人不要求与寿险一样进行体检或健康声明。在人寿保险中，为更好地控制死亡率，除体检外，还需考虑被保险人的职业、健康、居住地区甚至个人嗜好。

4）承保的风险性质不同。人寿保险承保的是死亡风险，且随着被保险人年龄的增加，死亡风险逐年递增；年金保险则是分摊被保险人因生存过久所需养老费用的经济负担。随着被保险人年龄的增加，保险人支付年金的概率降低。

5）保险期限的内涵不同。在人寿保险中，保险人只对保险期间发生的事故承担保险责任，保险期限届满保险合同终止。年金保险中除即期年金外都有一个积累期和一个清偿期。积累期是指在年金开始给付之前年金现金价值积累的时期。

3．个人年金保险产品

退休年金是市场上销售的个人年金保险的主要形式，属于延期年金。

灵活保费延期年金允许保险单所有人按照自己的意愿灵活地缴付保险费，对缴费金额和间隔期没有硬性规定，至多规定一个缴纳的最低金额。

变额年金是年金与变额人寿保险相结合的产品，其现金价值和年金给付额都随投资状况波动，其中最常用的是"延期变额年金"。

遗嘱年金或继承年金是一种人寿保险和年金保险的混合。遗嘱年金适用于子女要赡养父母或其他亲属的情况，因为被保险人年轻，而受益人年老，所以以较低的费率向受益人提供收入保障。

知识链接

保险现金价值

保险现金价值是指保户在退保时可取回的现金。由于长期寿险通常采用均衡保险费，投保人交费若干期后，将会形成一定的责任准备金，责任准备金是对被保险人的一种负债。因此，在解约退保时，退保人需将这部分负债返还投保人。保单的现金价值正是以责任准备金为基础计算的。因为投保初期投保人交费少，保单成本摊销大，所以前期现金价值很低。

（资料来源：作者根据相关资料整理。）

任务二　汽车保险指标解读

核心指标

车辆损失险的保险费率
保险犹豫期
保险等待期
保险期间

小看板

车险保费收入

根据中国保险网数据，2015～2019 年，我国车险保费收入持续增长，从 6199 亿元增长至 8188 亿元，我国车险保费收入增速波动下降；自 2017 年开始我国车险保费收入增速下滑至 4% 左右。

一、汽车保险概述

车辆保险简称车险，也称汽车保险，属于财产保险，是指对机动车辆由于自然灾害或意外事故所造成的人身伤亡或财产损失负赔偿责任的一种保险。车辆保险是以各种汽车为保险标的的保险，它除了承保各种类型的汽车，还包括各种以机动车辆为动力的车辆，如拖拉机、摩托车等。

按性质，车辆保险可以分为强制保险（交强险）与商业险。按责任范围，车辆保险可以分为基本险和附加险。基本险包括第三者责任险（三者险）、车辆损失险（车损险）、车上人员责任险（司机责任险和乘客责任险）及全车盗抢险（盗抢险）；附加险包括玻璃单独破碎险、自燃损失险、无过失责任险、车载货物掉落责任险、车辆停驶损失险、新增设备损失险、不计免赔特约险等。

交强险的全称是机动车交通事故责任强制保险，是由保险公司对被保险机动车发生道路交通事故造成受害人（不包括本车人员和被保险人）的人身伤亡、财产损失，在责任限额内予以赔偿的强制性责任保险。交强险是中国首个由国家法律规定实行的强制保险制度。

1. 汽车与保险的关系

随着我国经济的发展，汽车已经成为我们日常生活中不可缺少的代步工具。汽车数量的急剧增加，造成道路通行不畅、交通事故频发等一系列交通安全问题。车辆保险是广大车主处理事故风险的一种非常重要的手段。汽车潜在的巨大风险，需要保险来分散与转嫁，并促进保险服务领域的扩大和保险机制的进一步完善，汽车保险就是两者完美结合的产物。它既保障了汽车所有者及事故受害者的利益，又扩大了保险服务领域，还完善了保险机制。

2. 汽车风险管理

汽车风险管理是指社会、单位及个人通过对各种车辆风险的认识、对损害后果及程度的衡量，以及对风险处理方法的选择与实施，求得以较少的劳动消耗和经济开支，获得最大交通安全效果。

汽车风险管理分为机动车辆的风险识别、损害程度与后果的衡量、风险处理方法的选择、实施和效果检验。

1）风险识别。不同环境中不同车辆可能面临不同风险，找出其原因，并采取全面调查、分析、风险列举等方法予以确认。

2）损害程度与后果的衡量。在风险识别的基础上，利用统计资料，进一步从数量上预测各种灾害与交通事故发生的规律，以及造成的损害后果与影响。

3）风险处理方法的选择。风险处理方法有风险预防、保留、集合、转移。

4）实施和效果检验。风险管理计划在执行一个年度以后，对计划执行的情况要进行检查和总结，验证计划是否合乎实际，并进行必要的调整和改进，来提高风险管理效果。

3. 影响汽车保费的因素

影响汽车保费的因素见表 5.3。

表 5.3　影响汽车保费的因素

影响因素	具体内容
驾驶记录	过去 3 年的驾驶情况和过去 5 年的交通事故情况
汽车型号	汽车价值，型号年份
使用汽车的方式	汽车在单一年度跑的路程
居住的地区	汽车停放地点、开车地区
受保的项目	投保的项目，有全部投保也有部分投保
驾龄	驾驶员的年龄和开车的驾龄
连续投保	老客户比新客户手续费低，保费更优惠

4. 保险费率

汽车保险费率主要按使用性质分为四类：机关自用、企业自用、营业运输和私有及个人承包运输车辆，分别对应不同的费率档次。根据车辆种类、座位、吨位、用途、国产或进口车等分别制定不同的费率。

车辆损失险的费率计算公式为

$$保险费=基本保险费+保险金额×费率$$

车辆损失险的基本保险费是 200 元，保额是 120 000 元，费率为 70%，应付车辆损失险的保险费为 200+120 000×70%=84 200（元）。

各保险公司的保险费都不一样，各保险品种的保险费也不一样，所以投保时一定要货比三家进行投保。三家保险公司（A、B、C）保险费说明见表 5.4。

表 5.4　三家保险公司 A、B、C 保险费说明　　　　　　单位：元

项目	保险费		
	A	B	C
车辆损失险	1101.45	843.75	1053
第三者责任险（10 万元）	833.28	1100.74	1386
盗抢险	434.41	568.56	750
不计免赔额险	418.95	—	—
不计免赔率险	386.95	—	—
车身人员责任险	211.85	200.13	
车身划痕损失险	121.84	170.57	
玻璃单独破碎险	73.61	85.28	112.5
自燃损失险	赠送	45.49	225
灯具和后视镜的单独损坏险	—	73.91	—
不计免赔特约险	—	—	487.8
全险	3582.34	3088.43	4214.3

5. 汽车保险政策

谈及汽车保险，首先要了解投保，即购买保险。在投保之前，必须对汽车保险的条款有所了解。在我国汽车保险业务尚未完全放开的条件下，各保险公司基本实行统一的《机动车辆保险条款》。此条款包括基本险和附加险两个部分，其中基本险分为车辆损失险和第三者责任险，附加险包括全车盗抢险、玻璃单独破碎险、车辆停驶损失险、自燃损失险、新增加设备损失险；在投保了第三者责任险的基础上，方可投车上责任险、无过失责任险、车载货物掉落责任险；在投保了车辆损失险和第三者责任险的基础上，方可投保不计免赔特约险。附加险条款与基本险条款相抵触之处，以附加险条款为准，未尽之处，以基本险条款为准。

6. 汽车保险/其他财产保险

汽车保险与其他财产保险有所区别，由于其保险责任包括第三者责任，因此它是一种综合保险。汽车保险除了其他财产保险所具有的共性，还具备一些独有特点。

（1）汽车保险属于不定值保险

汽车保险单所列明的保险金额为保险人承担的最高赔偿金额，保险人对于机动车辆损失时的赔偿以保险金额不超过车辆损失时的实际价值为限，超过车辆实际价值的保险金额无效。

（2）汽车损失保险的赔偿主要采取修复方式

普通财产保险的赔偿主要采取货币方式，而机动车辆损失保险业务中除机动车辆发生严重全损、无法修复或被盗抢的情况需要采取货币方式赔偿外，部分损失情况下的赔偿主要采取修复方式。

（3）汽车损失保险的赔偿采取绝对免赔额（率）的方式

我国的机动车辆保险单通常规定一次事故的绝对免赔额（率），以使被保险人与保险人共同承担损失，增强被保险人的风险意识。

（4）汽车保险采取无赔款安全优待方式

汽车保险单通过规定无赔款安全优待方式，鼓励被保险人注意安全驾驶和保养，在保险单项下列明的机动车辆上一年未发生任何索赔时，保险人在续保时对于投保人实行保险费折扣或优待。

（5）汽车损失赔偿的特殊性

在汽车保险单有效的保险期限里，无论发生一次或多次保险责任范围内的车辆损失索赔，只要保险人核定的赔偿额在保险单规定的保险金额内，保险责任继续有效至保险期限结束，以至会在一份保险单项下出现多次赔偿额的累积高于保险单规定的保险金额的情况。但是，只要一次事故的赔偿额达到或超过保险金额，则保险责任自然终止。

二、汽车保险责任

1. 保险责任

保险责任是指保险人根据保险合同规定的保险危险一旦发生时，对被保险人的保险标的所造成的经济损失应负的赔偿责任。

保险合同的保险责任，一般采取列举式，明确负责的范围与不负责的界限，以便为保险双方共同遵守。

保险责任一般区分为基本责任、除外责任和特约责任。

基本责任是指保险合同中载明的保险人承担经济损害赔偿责任的保险危险范围，一般包含自然灾害、意外事故、抢救或防止灾害蔓延采取必要措施造成的保险财产损失及保险危险发生时必要的施救、保护、整理等合理费用。

除外责任是指财产保险合同中列明的保险人不承担经济赔偿责任的风险损失。

特约责任是指财产保险合同载明的基本责任外，或列为除外责任的风险损失，经保险双方协商同意后特约附加承保的一种责任，属于约定扩大的保险责任，故也称为"附加责任"或"附加险"。它附于基本责任，作为基本险的一项补充，如机动车辆第三者责任险。

（1）基本险责任

基本险是指可以单独投保和承保的险别，包括车辆损失险和第三者责任险。

车辆损失险险种责任是指被保险人或其允许的合格驾驶员在使用参加保险的车辆的过程中，由下列原因造成的损失，保险公司负责赔偿。

1）保险车辆发生意外碰撞、翻车等事故造成的损失。

2）保险车辆周围的火灾、爆炸对车辆造成的损失。

3）保险车辆遭受外界物体倒塌、空中运行物体坠落及保险车辆行驶中物体平行坠落所造成的损失。

4）以下自然灾害对保险车辆造成的损失：雷击、暴风、龙卷风、暴雨、洪水、海啸、地陷、冰陷、崖崩、雹灾、泥石流、滑坡及载运保险车辆的渡船遭受自然灾害对保险车辆造成的损失。

第三者责任险是指被保险人或其允许的合格驾驶员在使用保险车辆的过程中，发生意外事故，致使第三者遭受人身伤亡或财产的直接损毁，依法应当由被保险人支付的赔偿金额，保险公司依照《道路交通事故处理办法》和保险合同的约定给予赔偿。

（2）附加险责任

附加险是不能单独投保和承保的险别，投保人只能在投保基本险的基础上投保附加险。如果附加险的条款和基本险条款发生抵触，抵触之处的解释以附加险条款为准；如果附加险条款未作规定则以基本险条款为准。下面列举了几种常见的附加险的保险责任。

1）全车盗抢险的保险责任。保险车辆全车盗窃、被抢夺，经县级以上公安刑侦部门立案核实，满3个月未查明下落的，保险公司负责赔偿。

2）车上责任险的保险责任。保险车辆发生意外事故，导致车上货物损失和车上人员伤亡而产生的费用及施救费，由保险公司承担赔偿责任。

3）无过失责任险的保险责任。保险车辆在使用过程中，因与非机动车辆、行人发生交通事故，造成对方人员伤亡和财产的直接损毁，保险车辆一方无过失，且拒绝赔偿未果，对于被保险人已经支付给对方而无法追回的费用，保险公司负责赔偿。

4）车载货物掉落责任险的保险责任。投保了本保险的机动车辆在使用过程中，所载货物从车上掉下致使第三者遭受人身伤亡或财产的直接损毁，依法应由被保险人承担的经济赔偿责任，保险人在保险单所载明的该保险赔偿限额内计算赔偿。

5）玻璃单独破碎险的保险责任。保险车辆的风窗玻璃和车窗玻璃发生单独破碎，保险公司负责赔偿。

6）车辆停驶损失险的保险责任。投保了本保险的机动车辆在使用过程中，因发生基本险所列的保险事故，造成车身损毁，致使车辆停驶，保险人按保险条款规定承担赔偿责任。

7）自燃损失险的保险责任。因车电路、线路、供油系统发生故障及货物自身原因起火燃烧，或者因车上新增设备起火造成车辆损失，由保险公司负责赔偿。

8）新增加设备损失险的保险责任。当车辆发生碰撞等意外事故造成车上新增设备的直接损毁时，保险公司按实际损失赔偿。

交强险是一份机动车辆必须购买的强制保险，由保险公司对被保险机动车发生道路交通事故造成受害人（不包括本车上人员和被保险人）的人身伤亡、财产损失，在责任限额内予以赔偿。

2. 交强险/第三者责任险

交强险与第三者责任险在保险种类上属于同一个险种，都是保障道路交通事故中第三方受害人获得及时有效赔偿的险种。只不过交强险是法定强制性的，实际上可叫作"强制三责险"，过去的第三者责任险则是商业性的。交强险具有很强的公益性，车主投保之后，一旦发生交通事故，将由保险公司向受害第三方提供赔偿，这对保障公民合法权益、维护社会稳定具有重要意义。《中华人民共和国道路交通安全法》第十七条规定："国家实行机动车第三者责任强制保险制度，设立道路交通事故社会救助基金。具体办法由国务院规定。"2006 年 3 月 21 日，国务院公布了《机动车辆交通事故责任强制保险条例》，2006 年 7 月 1 日起正式实施。2020 年 9 月 4 日，中国银行保险监督管理委员会发布的《关于实施车险综合改革的指导意见》明确规定，提升交强险保障水平。

交强险与第三者责任险的区别如下。

1）第三者责任险采取的是过错责任原则，即保险公司根据被保险人在交通事故中所承担的事故责任来确定其赔偿责任。交强险实行的是"无过错责任"的原则，即无论被保险人是否在交通事故中负有责任，保险公司均将在 6 万元责任限额内予以赔偿。

2）出于有效控制风险的考虑，第三者责任险规定了较多的责任免除事项和免赔率（额）。交通事故责任强制险的保险责任几乎涵盖所有道路交通风险，且不设免赔率和免赔额，其保障范围远远大于第三者责任险。

3）第三者责任险是以盈利为目的，属于商业保险业务。交强险不以营利为目的，各公司从事的交通事故责任强制险业务将实行与其他商业保险业务分开管理、单独核算的运营方式，无论盈亏均不参与公司的利益分配，公司实际上承担代办的角色。

4）各保险公司第三者责任险的条款费率相互存在差异，由投保人和保险人在签订保险合同时按 5 万元、10 万元、20 万元、50 万元、100 万元和 100 万元以上不超过 1000 万元的档次协商确定。2020 年 9 月 19 日起，《关于实施车险综合改革的指导意见》正式实施，交强险有责总责任限额提高到 20 万元。

知识链接

保　险　术　语

1）承保是指寿险公司接受保户的投保并签发保险单的行为。承保的主要险种有财产险类、家财险类、责任险类、保证险类、工程险类、意外险类、特险类。

2）核保是指寿险公司对保险对象的风险进行评估，决定是否接受保户的投保及以什么条件来接受投保的过程。

3）保险价值是指保险标的（在汽车保险中主要指的是汽车）在投保时的实际价值或者在发生保险事故时的实际价值。它是投保时确定保险金额的基础。

汽车保险第三者

在保险合同中，保险公司是第一方，也称第一者；被保险人或致害人是第二方，也称第二者；除保险公司与被保险人外，因保险车辆的意外事故而遭受人身伤害或财产损失的受害人是第三方，也称第三者。

无赔款优待：保险车辆在上一年度保险期限内无赔款，续保时可享受无赔款减收保险费优待，优待金额为本年度续保险种应交保险费的 10%。被保险人投保车辆不止一辆的，无赔款优待分别按车辆计算。上年度投保的车辆损失险、第三者责任险、附加险中任何一项发生赔款，续保时均不能享受无赔款优待。不续保者不享受无赔款优待。上年度无赔款的机动车辆，如果续保的险种与上年度不完全相同，无赔款优待则以险种相同的部分为计算基础；如果续保的险种与上年度相同，但保险金额不同，无赔款优待则以本年度保险金额外负担对应的应交保险费为计算基础。不论机动车辆连续几年无事故，无赔款优待都为应交保险费的 10%。

小贴士

车辆出险概率与费率挂钩。不同区域有所区别，所保车辆第一年不出险，第二年的保值可优惠保费 10%～15%。第二年不出险，可优惠 20%～25%。第三年不出险，可优惠到 30%～35%。一般一年出险一次比较正常，如果同一辆车一年出险两次或两次以上，第二年就要提高保费 10%。

三、汽车保险索赔与理赔

1. 索赔与理赔

（1）索赔

索赔是指被保险人在保险标的遭受损失后，根据保险合同的约定，向保险人要求履行赔偿的行为。

（2）理赔

理赔是指保险人在承保的保险标的发生保险事故，被保险人提出索赔后，根据合同的约定对保险事故造成的损失进行的一系列调查并予赔偿的行为。

（3）索赔与理赔的条件

作为被保险人向保险公司索赔，应首先弄清保险索赔的条件。索赔和理赔时，事故车辆必须同时具备以下四个条件：①属于投保车辆的损失；②属于保险责任范围内的损失；③不属于除外责任；④属于必要的合理费用。

知识链接

保险犹豫期和保险等待期

保险犹豫期又称冷静期，是指在投保人、被保险人签收保险单后 10 天内，如果反悔可以无条件要求退保（保险公司一般收取 10 元的合同工本费）。

在犹豫期内也可能无法全部退费，其情况主要有两种：一种情况是如果消费者投保时在保险公司进行了体检，那么即使在犹豫期内退保，也将扣除相应的体检费用；另一种情况是针对投资连结保险。由于该保险以投资账户的形式存在，其价值每日都会浮动。消费者若在犹豫期内要求退保，其得到的金额将根据其独立账户资产价值的变化而变化。如果账户价值上涨，可能多于实际所交保费；反之，则少于所交保费。销售这一保单所发生的佣金和管理费则不会扣除。

保险等待期又称观察期或免责期，是指寿险合同在生效的指定时期内，即使发生保险事故，保险人也不能获得保险赔偿，这段时期称为等待期。等待期是为了防止投保人明知道将发生保险事故，而马上投保以获得赔偿的行为，也就是逆选择。

保险等待期内保险公司不作赔偿。

保险期间也称保障期。根据寿险合同，寿险公司在约定时间内对约定的保险事故负保险责任，该约定的时间称为保险期间。不同的险种有不同的保险期间，如航空旅客人身意外伤害保险，其保险期间仅为一个航程，如果是终身寿险，保险期间则是指被保险人的有生之年。

交强险的保险期间有多长

《机动车交通事故责任强制保险条例》规定，交强险的保险期间为一年。仅有四种情形，投保人可以投保一年以内的短期交强险：一是境外机动车临时入境的；二是机动车临时上道路行驶的；三是机动车距规定的报废期限不足一年的；四是国务院保险监督管理机构规定的其他情形。

2. 第三者责任保险的赔偿款

甲车与乙车在行驶中发生意外事故，两车相撞。甲车车辆损失 600 元，车上货损 1500 元，乙车车辆损失 400 元，车上货损 500 元。交通管理部门裁定，甲车负主要责任，承担经济损失 70%，为 2100 元；乙车负次要责任，承担经济损失 30%，为 900 元，其赔偿计算公式为

甲车承担的经济损失=(甲车车损+乙车车损+甲车货损+乙车货损)

×甲车责任比例

甲车承担的经济损失=(600+400+1500+500)×70%=2100（元）

乙车承担的经济损失=(甲车车损+乙车车损+甲车货损+乙车货损)

×乙车责任比例

乙车承担的经济损失=(600+400+1500+500)×30%=900（元）

这两车都投保了车辆损失险和第三者责任险，由于第三者责任险不负责车上货物的损失，因此保险公司的赔偿计算与交通管理部门不一样。计算公式为

甲车自负车损=甲车车损×甲车责任比例

=600×70%

=420（元）

甲车应赔乙车=(乙车车损+乙车货损)×甲车责任比例

=(400+500)×70%

=630（元）

甲车保险公司负责甲车车损险和第三者责任险赔款为

保险赔款=甲车自负车损+甲车应赔乙车

=420+630

=1050（元）

乙车自负车损=乙车车损×乙车责任比例

=400×30%

=120（元）

乙车应赔甲车=(甲车车损+甲车货损)×乙车责任比例

=(600+1500)×30%

=630（元）

乙车保险公司负责乙车车损险和第三者责任险的赔款为

保险赔款=乙车自负车损+乙车应赔甲车

=120+630

=750（元）

这样，此案甲车应承担经济损失 2100 元，得到保险公司赔款 1050 元，乙车应承担经济损失 900 元，得到保险公司赔款 750 元。

3. 第三方责任险理赔

（1）碰撞责任的处理

保险车辆与未保险车辆相撞，使未保险车辆上的驾驶员和乘客伤亡或车上装载货物损坏，属于第三者责任。如果相撞双方均属保险责任，那么双方的损失均按第三者责任险处理。如果保险车辆撞毁第三者的车辆或其他财产，一般须由保险人进行勘查、拍照，鉴定经济损失后，方可进行处理。

（2）装卸货物时发生的责任的处理

保险车辆在装卸货物时发生事故造成他人人身伤亡或财产损失，不属于第三者责任。但在不违章的情况下，保险车辆装载的货物，在行驶过程中撞伤行人或损坏他人财产，可按第三者责任赔偿。

（3）赔偿限额的规定

机动车辆保险的第三者责任一般不规定赔偿限额。通常在发生第三者责任事故时，保险人按照出险地公安、交通部门的规定或赔偿裁决，经保险人核定后确定赔偿金额。

任务三　社会保险指标解读

核心指标

养老保险利息率
养老金替代率
起付线/封顶线
划入个人账户比例
统筹基金支付比例
失业保险基金
26 周/13 周
失业津贴等待期

小看板

社会保险收支规模

根据《关于 2020 年中央和地方预算执行情况与 2021 年中央和地方预算草案的报告》，2021 年，全国社会保险基金预算收入 72 115.65 亿元，为预算的 93.3%，下降 13.3%，主要是出台阶段性减免社会保险费政策形成减收较多，其中，保险费收入 46 973.69 亿元，财政补贴收入 20 946.94 亿元。加上从全国社会保障基金调入用于弥

补部分地方企业职工基本养老保险基金缺口的专项资金 500 亿元，收入总量为
72 615.65 亿元。全国社会保险基金预算支出 78 834.82 亿元，完成预算的 95.8%，增
长 5.5%。2021 年收支缺口 6219.17 亿元，年末滚存结余 90 326.14 亿元。

一、社会保险

社会保险是指国家通过多渠道筹集资金，对劳动者在因年老、失业、患病、工伤、
生育而减少劳动收入时给予经济补偿，使他们能够享有基本生活保障的一项社会保障制
度。现代社会保险是由奥托·冯·俾斯麦（Otto von Bismarck）于 19 世纪在德国创立的。

社会保险与商业保险的比较见表 5.5。

表 5.5　社会保险与商业保险的比较

比较项	社会保险	商业保险
保障对象	全体公民或劳动者	自愿参加的社会成员
目的	保障社会利益，维护社会稳定	保险公司的主要目的是获取利润
保险性质	以实施国家的社会政策或劳动政策为宗旨、依法强制实施的政府行为，体现社会的互济性、补偿性	自愿参加，依保险合同实施的合同行为
保险费支付	由个人、企业、政府三方面合理负担	由被保险人个人负担
保险金给付原则及标准	强调"社会公平"原则，即权利义务不对等，不强调交费相等，但强调给付相同，给付标准原则上是统一的	强调"个人公平"原则，即权利义务完全对等。给付标准以投保人支付的保险费来确定，交费多收益高，交费少收益低
保险功能	满足社会成员生、老、病、死方面较低层次的需要，即生存需要	满足人们生活消费的各个层次的需要，保障水平可以相对较高
经办机构和经营体制	经办机构为劳动部门，由国家专门设立，各级社会保险局统一管理，对资金的运营不征税	经办机构为商业保险公司，由商业保险公司按企业原则经营管理，国家对其经济活动征收有关税费
采取手段和方法	是一种社会行为，国家强制执行	是一种商业行为，自愿参加

二、养老保险

养老保险是社会发展的需要，是人类文明和人道主义的重要体现，是应对人口老龄
化的有效手段。它有利于职工队伍的正常更替且有利于解除在职社会劳动者的后顾之
忧，调动其劳动积极性。

（一）个人账户利息计算

1. 利息率确定标准

被保险人在缴纳基本养老保险费期间，其个人账户储存额的记账利率，每年参照银
行规定的同期居民 1 年期存款利率计算；当年存入个人账户金额的记账利率，参照银行
规定的同期居民活期存款利率计算。年度内银行利率变更时，以当年最高利率计算，利
息所得并入个人账户。个人账户全部储存额作为第二年计算利息的基数。

2. 各年度的利息率

个人账户的利息率将随着银行利息率的调整进行调整，因此不同年度的利息率是不同的。

至本年底止个人账户累计储存额有两种计算方法。

（1）年度计算法

采用年度计算法计算至本年底止个人账户累计储存额的计算公式为

至本年底止个人账户累计储存额

＝上年底止个人账户累计储存额×(1+本年记账利率)

＋个人账户本年记账金额×(1+本年记账利率×1.083×1/2)

（2）月积数计算方法

采用月积数计算法计算至本年底止个人账户累计储存额的计算公式为

被保险人个人账户累计储存额

＝上年底止个人账户累计储存额×(1+本年储存额计账利率)

＋当年存入个人账户金额+当年存入个人账户金额的利息

当年存入个人账户金额的利息＝当年存入个人账户金额月积数

×当年存入个人账户×1/12 金额记账利率

当年存入个人账户金额月积数＝$\sum$[n 月份存入金额×(12−n+1)]

（n 为本年度存入个人账户金额的月份，且 1≤n≤12）

第一算

某职工上年底止个人账户累计储存额为 4000 元，假设本年的记账年利率为 2%，该职工本年记账额本金为 1980 元，又知道该职工缴费工资基数为 1500 元，要求用月积数计算法计算该职工本年末个人账户累计储存额。

解：

本年记账月积数=(12+11+10+9+8+7+6+5+4+3+2+1)×11%

×1500=12 870（元）

本年记账额利息=12 870×2%×1/12=21.45（元）

本年累计个人账户储存额=4000×(1+2%)+1980+21.45

=4080+1980+21.45=6081.45（元）

议一议

某企业甲员工已经参加基本养老保险，但即将被调入某事业单位工作，该事业单位不在基本养老保险覆盖范围内，尚未参加基本养老保险。甲员工的基本养老保险个人账户应当如何处理？根据是什么？

根据《关于规范企业职工基本养老保险个人账户管理有关问题的通知》，已参加基本养老保险的企业职工，在调入已开展基本养老保险制度改革的机关事业单位时，要转

移养老保险关系。个人账户储存额是否转移，由各省区市根据实际情况确定。调入未开展基本养老保险制度改革的机关事业单位，暂不转移个人账户，继续由调出地社会保险经办机构管理。

甲调入的事业单位没有实行基本养老保险制度，因此甲的基本养老保险个人账户不进行转移，由调出地社会保险经办机构管理。按照规定，退休时其个人账户储存额每月按 1/139 计发，并相应抵减按机关事业单位办法计发的养老金。

（二）企业年金

企业年金是指在政府强制实施的公共养老金或国家养老金之外，企业在国家政策的指导下，根据自身经济实力和经济状况建立的，为本企业职工提供一定程度退休收入保障的补充性养老金制度。企业年金基金是指根据企业年金计划筹集的资金及其投资运营收益形成的企业补充养老保险基金。

知识链接

企 业 年 金

我国正在完善城镇职工养老保险体系，它是由基本养老保险、企业年金和个人储蓄性养老保险三个部分组成。因此，企业年金被称为城镇职工养老保险体系的"三个支柱"的重要组成部分之一。

在实行现代社会保险制度的国家中，企业年金已经成为一种较为普遍实行的企业补充养老金计划，又称为"企业退休金计划""职业养老金计划"，并且成为所在国养老保险制度的重要组成部分。

企业年金管理见图 5.1。

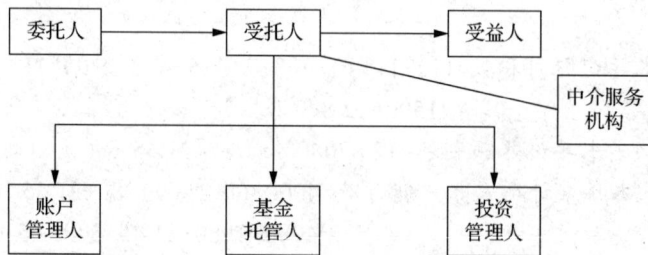

图 5.1　企业年金管理

（三）养老金替代率

养老金替代率是指劳动者退休时的养老金领取水平与退休前工资收入水平之间的比率。它是衡量劳动者退休前后生活保障水平差异的基本指标之一。养老金替代率的具体数值，通常是以"某年度新退休人员的平均养老金"除以"同一年度在职职工的平均工资收入"来获得。

例如，某年某一城市新退休人员领取的平均养老金为 1920 元/月，而同年该城市在职职工的平均工资收入为 3541 元/月，则该年该城市退休人员的养老金替代率为（1920÷3541）×100%=54.22%。

基本养老金替代率水平的高低决定公共养老金水平的高低。具体来说，基本养老金替代率水平越高，公共养老金支出水平越高，反之亦然。

基于上述公共养老金制度目标定位尽可能低的原则，基本养老金替代率也应尽可能低一些，但以满足老年人基本生活需要为限度。

解决温饱问题是人类生存最基本的需要，所以解决老年人晚年日常的食物消费支出是维持老年人最基本生活水平的关键。这样，为了保障退休者的老年基本生活，公共养老保险制度要解决的是老年人日常食物支出部分。恩格尔系数是由德国统计学家恩斯特·恩格尔（Ernst Engel）在《萨克森生产与消费的关系》一书中首先提出的，它表示食物支出金额占总支出金额的比重，它还可以近似地表示为食物支出占总收入的比重。可见，选择恩格尔系数作为确定基本养老金替代率数值的指标是合理的。

选择恩格尔系数作为确定基本养老金替代率的指标有其自身合理性。一方面，它短期内比较稳定，能够避免基本养老金大幅波动，保障退休老人的稳定生活；另一方面，从长期来看，恩格尔系数会随着经济发展水平的提高缓慢下降，这样由恩格尔系数确定的养老金替代率也会随之平稳下调，所以能够避免养老金支出的刚性上升，减轻政府财政负担，实现养老保险制度的可持续发展。

三、医疗保险

统筹基金起付标准和最高支付限额为 10%～400%，具体的比例见表 5.6 与表 5.7。

表 5.6 划入个人账户比例（以浙江为例）

参保人员的年龄	划入个人账户的比例
35 周岁以下	0.4%
35～44 周岁	0.7%
45 周岁至退休之前	1%
退休退职后至 69 周岁	5.8%
70 周岁以上	6.8%

表 5.7 统筹基金支付比例示例

起付标准	一级医院		二级医院		三级医院	
	统筹支付比例	个人支付比例	统筹支付比例	个人支付比例	统筹支付比例	个人支付比例
最低起付标准至 2 万元	90%	10%	85%	15%	80%	20%
2 万～3 万元	95%	5%	90%	10%	85%	15%
3 万～4 万元	95%	5%	92%	8%	90%	10%
4 万元以上	97%	3%	97%	3%	95%	5%

注：① 表中数据为示例性说明，各市的统筹基金支付比例有所不同。

② 一级医院、二级医院和三级医院的个人最低起付标准分别为 1000、1500 和 2000 元。

算一算

　　如果某市上一年的职工年平均工资为 50 000 元，按照上年本市职工年平均工资的 10%确定本年度基本医疗保险统筹基金支付的起付标准（起付线），按照上年本市职工年平均工资的 4 倍确定本年度基本医疗保险统筹基金支付的最高限额，起付线和封顶线各是多少？

　　解：起付线=50 000×10%=5000（元）

　　　　封顶线=50 000×4=200 000（元）

　　职工小张因生病在三级医院住院 30 天，共花费医疗费用 4.2 万元。该地区的基本医疗保险统筹基金支付的起付线为 2000 元，封顶线为 5 万元，结合表 5.7，计算小张自己需要负担多少医疗费用，能够报销多少医疗费用。

　　解：小张需要负担的医疗费用由以下几部分组成。

　　　　起付线以下的部分=2000（元）

　　　　起付标准至 2 万元的部分=(20 000-2000)×20%=3600（元）

　　　　超过 2 万~3 万元的部分=(30 000-20 000)×15%=1500（元）

　　　　超过 3 万~4 万元的部分=(40 000-30 000)×10%=1000（元）

　　　　超过 4 万元的部分=(42 000-40 000)×5%=100（元）

　　　　小张应当负担的医疗费用=2000+3600+1500+1000+100=8200（元）

　　　　可以报销的医疗费用=42 000-8200=33 800（元）

四、失业保险

1. 失业保险基金

失业保险基金由下列各项构成。

1）城镇企业事业单位、城镇企业事业单位职工缴纳的失业保险费。

2）失业保险基金的利息。

3）财政补贴。

4）依法纳入失业保险基金的其他资金。

城镇企业事业单位按照本单位工资总额的 2%缴纳失业保险费。城镇企业事业单位职工按照本人工资的 1%缴纳失业保险费；城镇企业事业单位招用的农民合同制工人本人不缴纳失业保险费。

算一算

　　某单位有职工 100 人，其中城镇职工 90 人，农民工 10 人。2020 年该单位城镇职工的月平均工资 9000 元，农民工的月平均工资 4000 元。要求计算该单位 2021 年 1 月份失业保险费缴费总额（不包括职工个人缴费，只计算单位缴费）。

　　该单位 2020 年全部职工月平均工资=(9000×90+4000×10)÷100

　　　　　　　　　　　　　　　　　=(810 000+40 000)÷100=850 000÷100=8500（元）

单位应当为城镇职工缴纳的失业保险费=9000×90×2%=16 200（元）

单位应当为农民工缴纳的失业保险费=8500×10×2%=1700（元）

单位2021年1月份需要缴纳的失业保险费总额=16 200+1700=17 900（元）

2. 26周/13周

国际劳工组织1934年通过的《失业补贴公约》（第44号）规定，失业津贴的给付期每年至少156个工作日（26周），在任何情况下不得少于78个工作日（13周）。

最长给付期的几种方式：①规定统一的给付期限；②取得资格的长短；③失业时间的长短；④资格期长短和年龄规定给付期限。

算一算

某职工缴纳25年的失业保险费后失业，能够领取多少个月的失业保险金？

解：满5年领取13个月的保险金。5年以上每满1年增发1个月的保险金，按照此比例计算，该职工可以领取33个月的保险金。但按照规定，领取失业保险金的期限最长不得超过24个月，因此该职工只能领取24个月的保险金。

3. 失业津贴的等待期

国际劳工组织1952年通过的《社会保障最低标准公约》（第102号）第24条第3段规定："在每次停发工资的头七天等待时期，可不支付津贴，但在为时不超过规定期限的临时就业之前或之后的失业天数可算作该次停发工资时间的一部分。"等待期有缩短的趋势，发展中国家等待期较长，社会保险机构有时间确认申请者的真实情况，防止冒领。

知识链接

享受失业津贴的条件

1）失业者必须处于法定的年龄。

2）失业保险前必须有就业或缴费的记录（工作时间、缴费时间二者兼有）。

3）必须是非自愿性失业且满足两个要求：一是要到相应的就业机构进行登记，并表示愿意听从就业机构的安排，并且领取津贴期间应按期向该机构报告；二是失业者本人须有再就业的劳动能力。

4）非自愿失业的除外条件。失业是由于本人品行不端、严重过失而被企业开除造成的；不接受就业机构提供的适当职业；不接受就业机构提供的再就业培训；出于经济或政治原因。

4. 失业人员/下岗职工

失业人员是指在劳动年龄内，具有劳动能力，要求就业、尚未就业的人员，包括两个方面：一是新成长的劳动力；二是就业之后失去工作，中断就业的人员，通常称失业职工，也称就业转失业人员，是失业保险的保障对象。

五、工伤保险

（一）工伤保险的范围

1）从事本单位日常生产、工作或者本单位负责人临时指定的工作的，在紧急情况下，虽未经本单位负责人指定但从事直接关系本单位重大利益的工作的。

2）经本单位负责人安排或者同意，从事与本单位有关的科学试验、发明创造和技术改造工作的。

3）在生产工作环境中接触职业性有害因素造成职业病的。

4）在生产、工作的时间和区域内，不安全因素造成意外伤害的，或者因工作紧张突发疾病造成死亡或者经第一次抢救治疗后全部丧失劳动能力的。

5）因履行职责遭受人身伤害的。

6）从事抢险、救灾、救人等维护国家、社会和公众利益的活动的。

7）因公、因战致残的军人复员转业到企业工作后旧病复发的。

8）因公外出期间，出于工作原因，遭受交通事故或其他意外事故造成伤害或者失踪的，或因突发疾病造成死亡或者经第一次抢救治疗后全部丧失劳动能力的。

9）在上下班的规定时间和必经的路线上，发生无本人责任或者非本人主要责任的道路交通机动车事故的。

10）国家规定的其他情形。

（二）工伤保险的原则

1. 无责任补偿原则

无责任补偿又称无过失补偿，是指劳动者在生产工作中发生工伤事故时，无论事故责任是否属于劳动者本人（除本人犯罪或严重失职外），受职业伤害者都应无条件得到必要的经济补偿；也就是说，即使劳动者负有事故责任，也要给予其工伤保险待遇。

📅 知识链接

工伤保险为什么实行无责任补偿原则

工伤保险之所以实行无责任补偿原则，原因有三条。①工伤事故是意外发生的。每个劳动者都会在生产、工作时力求确保自身安全，没有人愿意自己在工作中受伤。可以说，发生工伤事故都是意外的，所以工伤事故也被称为"意外伤害事故"。②无责任补偿原则消除了劳动者的后顾之忧。无责任补偿原则使所有劳动者了解到，即使不幸遭受工伤，生活也是有保障的，这样会激发他们工作的积极性。③工伤保险是所有社会保险项目中享受条件最低、待遇水平最高的保险项目。工伤保险待遇水平较高，因此企业为此而缴纳的费用也较多，这会促使企业注意预防工伤事故的发生，维护劳动者的健康和安全。

（资料来源：佚名，2019. 什么是无责任补偿原则？实行无责任补偿原则的原因（2）[EB/OL]. （2019-11-28）
[2022-09-22]. http://shebao.southmoney.com/gongshang/201911/93452_2.html.）

2. 个人不缴费原则

工伤保险费由企业或雇主缴纳，劳动者个人不缴费，这是工伤保险与养老、医疗等其他社会保险项目的区别之处。工伤是劳动者在创造社会财富时鲜血和生命的额外付出，所以理应由企业（或雇主）、社会保险经办机构负担补偿费用。

3. 待遇标准从优的原则

意外事故实行无过失责任原则并不意味着取消因工和非因工界限。劳动者受害，一般可以分因工和非因工两类，前者是由执行公务，或者在工作生产过程中，为社会或为集体奉献而受到职业伤害，与工作和职业有直接关系。后者则与职业无关，完全是个人行为所致。严格区分因工和非因工界限，明确因工伤事故发生的费用，应由工伤保险基金来承担，而且以医疗康复待遇、伤残待遇和死亡抚恤待遇均比因疾病和非因工伤亡社会保险待遇优厚。这样做有利于生产的发展和社会财富的积累。因病和非因工伤亡的保险待遇要区别情况按照国家有关政策执行。

4. 经济损失补偿与事故预防及职业康复相结合的原则

为保障职工的合法权益，维护、增进和恢复劳动者的身体健康，必须把经济补偿和医疗康复及工伤预防有机结合起来。工伤保险最直接的任务是经济补偿，保障伤残职工和遗属的基本生活，同时，要做好事故预防和医疗康复，保障职工安全与健康，促进社会安定和生产发展。

（三）工伤保险的认定期限

企业应当自工伤事故发生之日或者职业病确诊之日起，在 15 日内向企业营业执照注册住所地区、县劳动和社会保障局报告，填报《企业劳动者工伤报告表》；在 30 日内向劳动和社会保障局提出工伤认定申请。

企业发生死亡事故或一次负伤 3 人以上（包括 3 人）的工伤事故，应立即报告，最迟不得超过 24 小时。

六、生育保险

1. 产假

产假是指女职工生育子女时所享受的特殊假期。当前我国正式实施的产假标准依据

2012 年 4 月 18 日国务院常务会议通过的《女职工劳动保护特别规定》，将女职工生育享受的产假由 90 天延长至 98 天，并规范了相关待遇。例如，98 天的产假中，产前可以休假 15 天；难产的，应增加产假 15 天；生育多胞胎的，每多生育 1 个婴儿，可增加产假 15 天。

上述休假期间视作出勤，不影响工资、奖金及福利待遇。

2. 生育津贴

生育津贴是指国家法律、法规规定对因生育而离开工作岗位的职业妇女给予的生活费用。生育津贴在某些国家又被称为生育现金补助。

我国生育津贴的支付方式和支付标准分以下两种情况。

1）在实行生育保险社会统筹的地区，支付标准为本企业上年度职工月平均工资，期限不少于 90 天。

2）在没有开展生育保险社会统筹的地区，生育津贴由本企业或单位支付，标准为女职工生育之前的基本工资和物价补贴，期限一般为 90 天。

部分地区对晚婚、晚育的职业妇女实行适当延长生育津贴支付期限的鼓励政策，还有的地区对参加生育保险的企业中男职工的配偶，给予一次性津贴补助。

3. 生育医疗服务

生育医疗服务是指由医院、开业医生或合格的助产士向职业妇女和男工之妻提供的妊娠、分娩和产后的医疗照顾及必需的住院治疗。

生育医疗服务是生育保险待遇之一。大多数国家为女职工提供从怀孕到产后的医疗保健及治疗。我国生育保险医疗服务项目主要包括检查、接生、手术、住院、药品、计划生育手术费用等。

4. 生育保险与医疗保险

生育保险和医疗保险的相同之处：两者都是对暂时丧失劳动能力的职工提供保障，同时对享受者提供必要的医疗服务。生育保险的享受者在享受期内，如果出现特殊情况，可能同时享受两种待遇，即医疗保险待遇和生育保险待遇。

生育保险和医疗保险的主要区别体现在下列几个方面。

1）生育保险待遇的享受者一般为女职工，少部分地区包括男职工配偶，而医疗保险待遇享受的对象是全体职工。

2）享受生育保险待遇的时间是女职工生育期间，还取决于妇女的年龄、结婚时间、生育顺序等。医疗保险没有年龄的限制，无论哪个年龄段都可能发生，在享受次数上也没有限制。

3）生育保险享受者的医疗服务基本上以保健和监测为主。正常的分娩无须进行治疗，只要求定期对产妇进行身体检查，以及对产妇和胎儿进行监护，以保证正常分娩。医疗保险享受者主要目的是进行治疗，以及必要的检查、药物、理疗和手术等方面的医疗手段的实现，以达到患者痊愈，早日走向工作岗位。

4）生育假期的享受期限，国家有明确规定。例如，正常产假为 98 天，并且严格规定产前假为 15 天。医疗保险对享受者的假期没有时间限制，一般以病愈为期限。

5）生育保险的待遇保障标准一般高于医疗保险待遇。我国医疗保险实行统筹基金和个人账户相结合的原则，职工个人要缴纳保险费，建立个人账户。生育保险职工个人不缴纳保险费。

指标解释

- 投保人：与保险人订立保险合同，并按照合同约定负有支付保险费义务的人。
- 被保险人：其财产或者人身受保险合同保障，享有保险金请求权的人。投保人也可以为自己投保，成为被保险人。
- 受益人：人身保险合同中由被保险人或者投保人指定的享有保险金请求权的人。投保人、被保险人可以为受益人。
- 定期寿险：又称定期死亡保险，是指以被保险人在约定期间内发生死亡保险事故而由保险人给付保险金的保险。
- 保险金额：指保险公司承担赔偿或者给付保险金责任的最高限额。
- 保险费：简称保费，指投保人为取得保险保障，按合同约定向保险人支付的费用。
- 终身寿险：又称终身死亡保险，是指从保险合同生效之日起，被保险人在任何时间内死亡，保险人向受益人给付保险金，或被保险人生存到 100 岁，保险人向被保险人给付保险金。
- 两全保险：又称生死合险。它要求保险公司不仅当被保险人在保险期内死亡时向其受益人给付死亡保险金，而且在被保险人生存至保险期间届满也向其本人给付生存保险金。
- 分红保险：又称利益分配保险，是指签订保险合同的双方事先在合同中约定，当投保人所购险种的经营出现盈利时，保单所有人享有红利分配权。
- 年金保险：保险人承诺在一个约定时期或被保险人的生存期内按照合同的约定进行定期给付的一种人身保险。
- 主险：又称基本险，是指不需附加在其他险别之下的、可以独立承保的险别。
- 附加险：附加在主险合同下的附加合同，参加附加险的前提是必须购买主险。
- 车辆保险：以各种汽车为保险标的的保险，它除了承保各种类型的汽车，还包括各种以机动车辆为动力的车辆，如拖拉机、摩托车等。
- 保险责任：保险人根据保险合同规定，保险危险一旦发生时，对被保险人的保险标的所造成的经济损失应负的赔偿责任。
- 交强险：机动车交通事故责任强制保险的简称，是由保险公司对被保险机动车发生道路交通事故造成受害人（不包括本车上人员和被保险人）的人身伤亡、财产损失，在责任限额内予以赔偿的强制性责任保险。
- 索赔：被保险人在保险标的遭受损失后，根据保险合同的约定，向保险人要求履行赔偿的行为。

- 理赔：保险人在承保的保险标的发生保险事故，被保险人提出索赔后，根据合同的约定对保险事故造成的损失进行的一系列调查并予赔偿的行为。
- 企业年金：在政府强制实施的公共养老金或国家养老金之外，企业在国家政策的指导下，根据自身经济实力和经济状况建立的，为本企业职工提供一定程度退休收入保障的补充性养老金制度。
- 养老金替代率：劳动者退休时的养老金领取水平与退休前工资收入水平之间的比率。它是衡量劳动者退休前后生活保障水平差异的基本指标之一。
- 无责任补偿：又称无过失补偿，是指劳动者在生产工作中发生工伤事故时，无论事故责任是否属于劳动者本人（除本人犯罪或严重失职外），受职业伤害者都应无条件得到必要的经济补偿；也就是说，即使劳动者负有事故责任，也要给予其工伤保险待遇。

核心指标解读要点

- 什么是保险？
- 为什么要买保险？
- 什么是两全保险？
- 终身寿险有哪些特点？
- 定期寿险有哪些特点？
- 投资联结保险与分红保险有什么区别？
- 年金保险与人寿保险有什么区别？
- 汽车保险费率分为几类？
- 什么是第三者责任险？
- 如何区分交强险与第三者责任险？
- 什么是无赔款优待？
- 什么是保险金额？
- 如何区分社会保险和商业保险？
- 什么是失业保险？
- 如何理解无责任赔偿原则？
- 生育医疗服务项目包括哪些内容？

【在线学习】

访问中国银行保险监督管理委员会网站 http://www.cbirc.gov.cn/cn/view/pages/index/index.html，进入"统计数据"栏目，查看并了解有关保险公司业务经营情况、保费收入情况、全国各地区保费收入情况的统计数据和图表。

项目六　房地产市场指标解读

任务一　住宅市场指标解读

核心指标

　容积率
　楼面地价
　绿地率与绿化率
　车位配比率
　套内建筑面积
　建筑面积
　得房率
　使用率
　面积误差比

小看板

房地产开发投资和商品房销售

　　2021 年，全国房地产开发投资 147 602 亿元，比 2020 年增长 4.4%；比 2019 年增长 11.7%，两年平均增长 5.7%。其中，住宅投资 111 173 亿元，比 2020 年增长 6.4%。2021 年，商品房销售面积 179 433 万平方米，比 2020 年增长 1.9%；比 2019 年增长 4.6%，两年平均增长 2.3%。其中，住宅销售面积比上年增长 1.1%，办公楼销售面积增长 1.2%，商业营业用房销售面积下降 2.6%。商品房销售额 181 930 亿元，增长 4.8%；比 2019 年增长 13.9%，两年平均增长 6.7%。其中，住宅销售额比 2020 年增长 5.3%，办公楼销售额下降 6.9%，商业营业用房销售额下降 2.0%。

（资料来源：国家统计局，2022.2021 年全国房地产开发投资增长 4.4%[EB/OL].（2022-01-17）[2022-02-05]. http://www.stats.gov.cn/xxgk/sjfb/zxfb2020/202201/t20220117_1826440.html.）

一、各种住宅

1. 低密度住宅

　　低密度住宅究竟如何界定，学术界目前对此尚无统一标准。低密度住宅一般是指容积率在 1.5 以下的低层及多层住宅。低密度住宅的主要特点是低容积率。

　　容积率即某一房地产项目的总建筑面积与总用地面积的比率，即

$$容积率=总建筑面积/总用地面积$$

　　例如，在 1 万平方米的土地上，有 4000 平方米的建筑总面积，其容积率=4000/10 000=

0.4。对于开发商而言，容积率决定楼面地价，容积率越高，楼面地价则越低；而对于住户来说，容积率直接涉及居住的舒适度。容积率越低，居住密度越小，居民的舒适度也越高，反之则舒适度越低。各地依据城市规划法规体系编制各类居住用地的控制性详细规划。一般而言，独立别墅的容积率为 0.2～0.5；联排别墅的容积率为 0.4～0.7；6 层以下多层住宅的容积率为 0.8～1.2；7～11 层小高层住宅的容积率为 1.5～2.0；12～18 层高层住宅的容积率为 1.8～2.5；19 层及以上住宅的容积率为 2.4～4.5。

算一算

若房地产项目总用地面积为 100 亩，项目总建筑面积为 10 万平方米，那么项目容积率是多少？

知识链接

楼　面　地　价

楼面地价是一种特殊的土地单价，是指每平方米建筑面积所分摊到的土地价格。楼面地价与土地总价的关系为

楼面地价=土地总价/总建筑面积

而我们平时所说的土地单价是指每平方米土地的价格。

土地单价=土地总价/总土地面积

例如，某房地产项目，开发商当时购买该项目的地块时，总价为 2 亿元，总占地面积为 5980 平方米，容积率为 1.5，则该地块的土地单价=土地总价/总土地面积=200 000 000/5980=33 445（元/米^2），楼面地价=土地总价/总建筑面积=土地总价/(土地面积×容积率)=200 000 000/(5980×1.5)=22 300（元/米^2）。

结合前面容积率的概念，不难推出楼面地价、土地单价、容积率三者之间的关系，即

楼面地价=土地单价/容积率

在现实生活中，楼面地价往往比土地单价更能反映土地价格水平的高低。例如：

甲土地：单价=15 000 元/平方米、容积率=3，则楼面地价=15 000/3=5000（元/米^2）。

乙土地：单价=12 000 元/平方米、容积率=2，则楼面地价=12 000/2=6000（元/米^2）。

可以看出，仅仅从土地单价来看，甲土地比乙土地贵。懂得楼面地价意义的买者，通常会购买甲土地而不会购买乙土地。这是因为，楼面地价是分摊到平方米建筑面积上的土地价格，是商品房单位成本的构成要素之一。

想一想

开发商在购买土地时，应考虑土地单价还是楼面地价？

2. 低层住宅

低层住宅是指高度低于或等于 10 米的住宅，一般是 1～3 层住宅，常见的有独栋别墅、联排住宅（town house）等。

1）独栋别墅是指独门独户的独栋住宅，见图 6.1。

图 6.1　独栋别墅

独栋别墅最大的优点是"顶天立地"，有一个私人的天空和土地。另外，由于是独栋住宅，因此居住质量相对较高，一般每个房间都能拥有良好的采光，户内能够实现自然通风，户内基本上可以隔绝外界干扰。

2）联排住宅是指由几幢 2～4 层的住宅并联而成的有独立门户的住宅形式，有独立的院子和车库（图 6.2）。

图 6.2　四联别墅

联排住宅和独栋别墅的区别在于它是由两个以上的单元左右并排成一栋建筑。例如，双拼即为两个单元并排成一栋建筑，三联别墅为三个单元并排成一栋建筑。此外，四联别墅还可延伸至叠排，叠排是两个单元上下叠放成一栋建筑，一般为四层带阁楼建筑，一、二层一个单元，三、四层一个单元。

3. 多层住宅

多层住宅是指高于 10 米、低于或等于 24 米的建筑物。多层房屋一般为 4～6 层，见图 6.3。

图 6.3　多层住宅（共 6 层）

4. 中高层住宅

中高层住宅又称小高层，主要是指 7～11 层的住宅，见图 6.4。

图 6.4　中高层住宅（共 10 层）

5. 高层住宅

高层住宅一般是指 12 层及以上的住宅，如图 6.5 所示。总高 100 米以上的称为超高层，目前世界最高的住宅楼之一的尤里卡大厦，位于澳大利亚墨尔本市，高约 300 米，共 92 层，如图 6.6 所示。

图 6.5　高层住宅（共 16 层）　　　图 6.6　超高层住宅——尤里卡大厦（共 92 层）

小看板

绿地率=绿化率？

　　某消费者在购房时看中一家标榜小区的绿化率高达 60% 的预售楼盘，一时心动买下该楼盘。一年后，期房变成现房，才发现绿地面积没有达到预期面积，小区中心绿地除了稀疏的草木、草地，多是中心建筑物、屋顶绿化及附着在建筑物上的绿化。当初开发商承诺的高绿化率是如何计算出来的？它和国家规定的小区绿地率指标有何区别？

二、绿地率与绿化率

1. 绿地率

　　绿地率是指居住街坊内绿地面积和与该居住街坊用地面积的比率。

　　在计算绿地率时，对绿地的要求非常严格。绿地率所指的"居住区用地范围内各类绿地"主要包括公共绿地、宅旁绿地等。其中，公共绿地又包括居住区公园、小游园、组团绿地及其他的一些块状、带状化公共绿地。即使是级别最低的零散的块状、带状公共绿地也要求宽度不小于 8 米，面积不小于 400 平方米，该用地范围内的绿化面积不少于总面积的 70%（含水面），至少要有 1/3 的绿化面积要能常年受到直接日照，并要增设部分休闲娱乐设施。宅旁绿地等庭院绿化的用地面积，在设计计算时也要求距建筑外墙 1.5 米和道路边线 1 米以内的用地，不得计入绿化用地。此外，还有几种情况也不能计入绿地率的绿化面积，如地下车库、化粪池。这些设施的地表覆土一般达不到 3 米的深度，在上面种植大型乔木，成活率较低，因此，计算绿地率时不能计入"居住区用地范围内各类绿化"中。

　　根据《城市居住区规划设计标准》（GB 50180—2018），目前，我国不同类型的住宅绿地率最小值多数情况下为 25%～35%，最低不能低于 20%。

2. 绿化率

　　绿化率又称绿化覆盖率，是指项目规划建设用地范围内绿化面积与规划建设用地面积之比。其基本计算公式在形式上与绿地率的计算公式是一样的。但绿化率计算的是树冠面积，而不是实际种植面积，以树冠面积计算，就是指树冠在地面投下的树荫。这便要考虑所用的树种，不同的树种覆盖面积不同，得出的绿化率也不同，如槐树、杨树、柳树的覆盖面积要大，而松树、柏树的覆盖面积则小得多，同样的树，不同的季节绿化覆盖率也不同，冬季树叶凋零，绿化率就小得多。此外，由于过去人们对绿化方面的要求不是很严格，房地产商就将人工湖、屋顶的花草都算作绿化面积，从而计算出很高的绿化率指标。

3. 绿地率与绿化率的关系

绿地率反映的是绿化的实际种植面积，而绿化率反映的是树冠的面积。绿地率≠绿化率，两个概念不能混为一谈。

真实显示一个楼盘绿化面积的数据应该是绿地率指标。绿化率的计算是一个相对模糊的概念。因此，购房者在选择期房楼盘时，不能轻信开发商所标榜的绿化率达到了多少，而应该了解小区规划中绿地率指标达到了多少，同时要求开发商把绿地率指标明确写进合同中，这样购房者才能真正享受到所期望的绿色住宅。

知识链接

期　房

期房是指消费者在购买时不具备即买即可入住条件的商品房，即房地产开发商从取得商品房预售许可证开始至取得房地产权证大产证为止，所出售商品房称为期房。消费者在购买期房时应签订商品房预售合同。期房在香港、澳门地区称作买"楼花"，这是当前房地产开发商普遍采用的一种房屋销售方式。购买期房也就是购房者购买尚处于建造之中的房地产项目。

现　房

现房是指消费者在购买时具备即买即可入住的商品房，即开发商已办妥所售的商品房的大产证的商品房，与消费者签订商品房买卖合同后，立即可以办理入住并取得产权证。消费者在这一阶段购买商品房时应签订出售合同。

试一试

为何当前消费者购买的商品房基本上是期房？

小看板

车位配比率多少才合适？

随着私家车增长速度的飞速发展，一些小区的车位紧张问题凸显出来，因为车辆占据绿地、乱停乱放、占车道引起业主与物业、业主与业主之间发生纠纷的事情时有发生。业内人士提醒，购房者在购买房屋时要充分了解小区的车位情况，即要了解小区的车位配比率，那么，一个小区应该配置多少车位最为合适呢？

三、车位配比率

车位配比率是居住区内居民汽车的停车位数量除以居住户数。

目前小区内的停车位主要有两种类型：一种是地上停车位，较常见的是由开发商或物业管理公司在小区的道路两旁自行划线分割出许多停车位，出租给业主使用，并按期收取停车费；另一种是小区地下停车位。地下停车位又可分为两种：一种是按照建设用地规划许可证载明的规划用途建造的地下车库，该车库的每一个停车位都可拥有独立的产权；另一种是建设用地规划许可证上没有载明，由开发商利用建筑物的地下空间改造而成的停车位，这种停车位没有计算在建筑物的建筑面积之内，也无法取得独立的产权证。

车位配比率计算公式为

车位配比率=停车位数量/居住户数

例如，某楼盘总户数为 1000 户，一共配置了 1500 个车位，也就是说，一户人家可以使用 1.5 个车位，车位配比率即为 1.5。

目前，对于车位配比率我国还没有统一的规定，现实中主要根据当地的经济条件和居住区的规划档次来确定停车场的车位。随着私家车拥有率的不断攀升，各大城市也在不断提高停车配比率，以解决停车难的问题。例如，杭州市政府出台了《杭州市城市建筑工程机动车停车位配建标准实施细则（2015 年修订）》，调整了机动车停车位配建标准，根据新标准，200 平方米以上的大户型，车位配比为 1∶2。刚需改善类产品，即建筑面积在 60～90 平方米的房子，配建标准为 1∶1。建筑面积在 90～140 平方米之间的房子，配建标准为 1∶1.2。各类住宅项目的车位配比率最低标准见表 6.1。

表 6.1　杭州住宅车位配比率最低标准

项目	车位配比率（停车位/户）
建筑面积>200 平方米	2.0
140 平方米<建筑面积≤200 平方米	1.5
90 平方米<建筑面积≤140 平方米	1.2
60 平方米<建筑面积≤90 平方米	1.0
建筑面积≤60 平方米	0.6

部分开发商为了吸引购房者，楼盘的车位配比往往超过了当地相关部门规定的配比率。从调查情况看，不少楼盘的车位配比率都在 1∶1 以上，也就是说，每户人家可拥有一个车位，有些楼盘甚至达到了 1∶2。

想一想　在规划小区的车位配比率时应考虑哪些因素？

知识链接

均　　价

均价是指将楼盘各单位销售价格之和除以建筑总面积，即得出每平方米的均价。例如，某楼盘建筑总面积为 2 万平方米，销售总价预计为 1 亿元，则该楼盘的均价=楼盘销售总价/建筑总面积=100 000 000/20 000=5000 元/米^2。均价一般不是销售价，但也有例外，有些楼盘推出的"不计楼层、朝向，以 2800 元/米^{2}统一价销售"，即以均价做销售价，这种方式也不失为引人瞩目的营销策略。

起　　价

起价又称起步价，是指楼盘各楼层销售价格中的最低价格。多层住宅，不带花园的，一般以一楼或顶楼的销售价为起价；带花园的住宅，一般以二楼或五楼作为销售的起价。高层物业，以最低层的销售价为起步价。房产广告中常用"×××元/米^{2}起售"，以较低的起价来引起消费者的注意。

小看板

套内使用面积

套内使用面积又称使用面积，是指每套住宅除墙体厚度外全部净面积的总和，即室内实际能使用的面积，不包括墙体、柱子等结构面积，主要包括卧室、起居室、厅、过道、厨房、卫生间、储藏室、室内楼梯等面积总和。

四、套内建筑面积与建筑面积

1. 套内建筑面积

套内建筑面积是套内使用面积、套内墙体面积、套内阳台面积三者的总和，如图 6.7 所示。

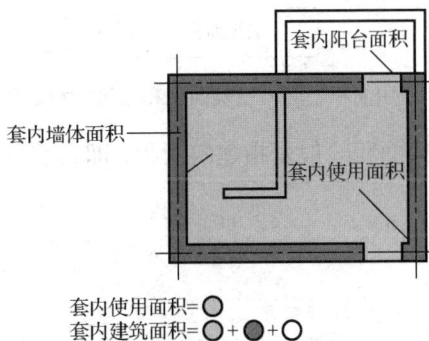

套内使用面积=○
套内建筑面积=○+●+○

图 6.7　商品房住宅面积计算示意

套内墙体面积即商品房各套内使用空间周围的维护或承重墙体，分为共用墙和非共用墙两种。共用墙是指相邻户之间的分隔墙及户与楼梯走道之间的分隔墙（包括山墙）；非共用墙是指一套商品房内各室之间的分隔墙。共用墙体按水平投影面积的一半计入套内墙体面积；非共用墙墙体水平投影面积全部计入套内墙体面积；内墙面装修厚度均计入套内墙体面积。

例如，对于户与户之间及户与楼梯走道之间的分隔墙厚度是 24 厘米（俗称 24 墙），则墙体 12 厘米计入套内面积，其余计入公摊面积。若商品房内各室之间的分隔墙厚度是 24 厘米，则墙体 24 厘米均计入套内面积。

阳台面积：阳台面积一般按突出墙面的阳台外围尺寸计算面积。根据最新建筑法规，阳台无论是否封闭均计算一半面积。例如，阳台的水平投影面积为 6 平方米，则计入套内建筑面积为 3 平方米。

2. 建筑面积

建筑面积是套内建筑面积和公摊面积分摊部分的总和。其中，公摊面积由两部分组成，一部分是电梯井、楼梯间、管道井、变配电间、设备间、水箱间、公共门厅、通道、值班警卫室，以及其他功能上为整幢建筑物局部及整体服务的公共用房和管理用房的建筑面积；另一部分是住户与公用建筑空间之间的分隔墙及外墙体水平投影面积的一半。

下列建筑面积作为公用建筑面积，但暂不列入住户分摊部分：

1）地下室功能不明确的机动用房。

2）大楼内的物业管理用房和住宅小区的居委会用房。

3）按建设项目要求建筑的公用车库。

4）住宅小区房屋共用配套设施用房，如小区门卫间、公厕等。

5）用作公共休息、绿化等场所的架空层。

使用面积、套内建筑面积和建筑面积之间的关系见图 6.8。

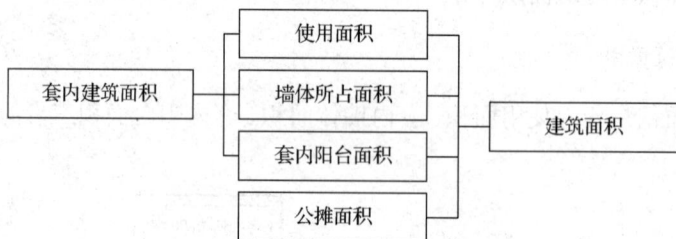

图 6.8　使用面积、套内建筑面积和建筑面积之间的关系

目前开发商对外宣传的面积一般是指建筑面积，即目前购房者所购买面积一般为建筑面积。

小看板

得房率越高越好？

得房率是购房者在选择楼盘时的一个重要因素，通常得房率高低能够从侧面反映楼盘的品质、户型结构的配置。很多开发商在楼盘开盘时，以高得房率成为楼盘宣传的一个亮点。一些购房者在选购房源时也会关注得房率，但是否得房率真的是越高越好？豪宅是否都是低得房率？得房率和使用率之间存在什么样的关系？什么样的得房率才是合理的？

五、得房率与使用率

1. 得房率

得房率是指房屋套内建筑面积占该房屋建筑面积的百分比。通常情况下，几种不同住宅类型的得房率如下所示。

高层（12层及以上）：78%～85%。

小高层（7～11层）：85%～88%。

多层（4～6层）：88%～95%。

$$得房率=套内建筑面积/建筑面积$$

例如，某套住宅的建筑面积为100平方米，套内建筑面积为90平方米，套内使用面积为85平方米，则得房率=套内建筑面积/建筑面积=90/100=90%。

对于得房率，购房者应该有一个正确的态度。目前有许多的购房者误以为得房率越高越好，其实不然。

首先，不同类型的住宅得房率是有相应比例的。多层住宅得房率较高，中高层住宅的得房率则要低一些，高层住宅的得房率最低。这是因为与多层住宅相比，中高层住宅有一个电梯筒的空间需要购房者共同去分摊，因此其得房率低些。至于高层住宅，设计要求有两个消防通道，并且要有两台或者两台以上的电梯，因此，高层住宅需要分摊的公共面积就更多，相应得房率也低。此外，塔式楼的公共走廊较长，故比板式高层住宅的得房率低一些。因此，得房率主要是由建筑物类型本身的特点决定的。

其次，得房率是和房屋的档次联系在一起的。随着人们生活水平的提高，在住宅上需要有更多的公共空间用于邻居之间的交流和平时的休闲活动，或者要有更好的公共设施，因此，所购住宅面积中有相当一部分是以产权共有的形式存在的。例如，底层设有大堂、各层电梯厅面积宽敞的房屋得房率低，反之，则较高，但气派亦不大。相对同类型的房屋，因为有了宽敞的公共部位和更完善的设施，所以住宅档次得到提升，相应的代价则是每个购房者的得房率下降。

因此，在看房屋的面积时，得房率只是一个参考指标，得房率低，若有好的公共空间和设施相匹配，就不是问题。相反，有的楼盘得房率奇高，则要多加留意，关注是否在设计中牺牲了必要的公共面积等方面。

2. 使用率

使用率是指房屋套内使用面积占该房屋建筑面积的百分比，因此使用率要小于得房率。

$$使用率=房屋套内使用面积/房屋建筑面积$$

在上例中房屋的建筑面积为100平方米，套内建筑面积为90平方米，套内使用面积为85平方米，则使用率=房屋套内使用面积/房屋建筑面积=85/100=85%，而得房率则为90%。可见使用率要小于得房率，得房率和使用率并不是同一个概念，但两者的计算方式差异也不大，后者只是去掉了套内墙体和一半阳台面积而已。当然，开发商通常更愿意采用前者，因为得房率会更高一些。

议一议

我们在购买商品房时，应考虑住宅的得房率还是使用率？

算一算

某套商品房的建筑面积为 100 平方米，得房率为 85%，使用率为 75%，则该套商品房的套内使用面积及公摊面积分别为多少？

知识链接

开　盘

开盘是指房地产项目拿到预售证后正式开始对外销售的时间，但是现在很多楼盘在开盘前就已经做了认购登记等，收取了客户定金，真正等到项目开盘再去咨询时房屋已经被销售出去大部分甚至根本就没有房屋，所以要购买住宅就要多加留意，在项目刚刚亮相时应前去做买房登记。

定　金

定金是指当事人约定由一方向对方给付的，作为债权担保的一定数额的货币，它属于一种法律上的担保方式，目的在于促使债务人履行债务，保障债权人的债权得以实现。根据我国《民法典》第五百八十六条规定："当事人可以约定一方向对方给付定金作为债权的担保。定金合同自实际交付定金时成立。"

《民法典》第五百八十七条规定："债务人履行债务的，定金应当抵作价款或者收回。给付定金的一方不履行债务或者履行债务不符合约定，致使不能实现合同目的的，无权请求返还定金；收受定金的一方不履行债务或者履行债务不符合约定，致使不能实现合同目的的，应当双倍返还定金。"如果购房者交了定金之后改变主意决定不买，开发商有权以购房者违约为由不退定金；如果开发商将房屋卖给他人，应当向购房者双倍返还定金。

想一想

定金和违约金有何区别？

小看板

遭遇房屋面积缩水、结构变更怎么办

林先生去年购买了某房产公司在市中心的一套跃层的商品期房，合同约定面积为 200 平方米，总房款为 200 万元（单价为 1 万元/米²）。交付时，却发现房屋变更为复式结构，而且产权登记面积仅为 188 平方米，比合同中的房屋面积足足少了 12 平方米，面积误差比高达 6%。在这种情况下，林先生该如何保护自身的合法利益呢？

六、面积误差比

商品房销售包括商品房现售和商品房预售。在预售情形中，房屋的面积不会是产权登记面积，其产权登记面积要等商品房竣工验收后，由房管部门的专业人员予以测定。因此预售时，消费者和开发商合同约定面积和商品房最终的实测面积很有可能不符，而面积误差比就是用来衡量合同约定面积与实测面积的误差大小，即产权登记面积减去合同约定面积的差，除以合同约定面积。

如何计算面积误差比？若存在面积误差应如何处理？

面积误差比=(合同约定面积−产权登记面积)/合同约定面积×100%

在上述案例中，合同约定面积为 200 平方米，产权登记面积为 188 平方米，则面积误差比=(合同约定面积−产权登记面积)/合同约定面积×100%=(200−188)/200×100%=6%。

根据 2003 年 6 月 1 日实施的《最高人民法院关于审理商品房买卖合同纠纷案件适用法律若干问题的解释》和《浙江省实施〈中华人民共和国消费者权益保护法〉办法》，对房屋面积差异有以下几种处理原则。

1）合同有约定从约定原则。买受人和开发商另有约定，依照合同约定处理。合同没有约定或者约定不明，按照本司法解释中的原则处理。

2）3%以内据实结算原则。面积误差比绝对值在 3%以内的（含 3%），按照合同约定的价格据实结算。买受人不得要求解除合同。

3）面积误差比超出 3%的处理方式有两种。

① 买受人有权退房。买受人有权请求解除合同，要求开发商返还已付购房款和利息。开发商的退款，遇价格下降时，按原价退还房款；遇价格上涨时，按同类地段同类商品房标准的新价格退还房款。

② 买受人不要求退房的，房屋实际面积大于合同约定面积的，面积误差比 3%以内部分的房价款由买受人按照合同约定的价格补足，面积误差比超出 3%部分的房价款由开发商承担，所有权归买受人。

房屋实际面积小于合同约定面积的，面积误差比在 3%以内部分的房价款和利息由开发商返还买受人，面积误差比超过 3%部分的房价款由出卖人双倍返还买受人。

根据上述相关法律规定，对于案例中林先生所购商品房面积误差比超过 3%，有两种处理方式：第一种方式林先生有权退房；第二种方式他可以不要求退房，对于面积误差比在 3%以内部分的房价款和利息由开发商返还林先生。也就是说，6（200×3%）平方米的房价款和利息返还给林先生，假使暂不考虑利息，则需要归还林先生 6 万元房价款（单价为 1 万元/米²）。面积误差比超过 3%部分的房价款由开发商双倍返还林先生，即另外超出的 6 平方米需要由开发商返还林先生 12 万元的房价款。在本案例中，仅房价款（不考虑利息）开发商需要退回林先生共 18 万元。

> **议一议**
>
> 若商品房预售时，消费者和开发商合同约定面积为 100 平方米，而最终实测面积为 108 平方米，则消费者可以要求开发商做出何种处理？

知识链接

跃层式住宅（图 6.9）有时又称"楼中楼"。这类住宅一般占有上下两层完整的楼面，卧室、起居室、客厅、卫生间、厨房及其他辅助用房可以分层布置，上下层之间的交通采用室内独用小楼梯连接。跃层式有以下一些自身特点。

1）每户都有较大的采光面，通风较好。

2）户内居住面积和辅助面积较大。

3）布局紧凑、功能明确、相互干扰较少。

复式住宅（图 6.10）其实就是一层，不具备通常理解上的完整的两层的空间，但层高和普通住宅相比要高，可以在局部隔一个夹层为两层，安排卧室或书房等，用楼梯联系上下，中间仍保持原有层高共享空间的住宅。

复式住宅特点包括下面几点。

1）高的部分占两层的大空间，视觉效果好，有立体感。

2）能增加使用面积。

3）动静区分不够。

图 6.9　跃层式住宅

图 6.10　复式住宅

七、商品房现售与商品房预售

1. 商品房现售

商品房现售是指房地产开发企业将竣工验收合格的商品房出售给买受人，并由买受人支付房价款的行为。

商品房现售应当符合以下条件。

1）现售商品房的房地产开发企业应当具有企业法人营业执照和房地产开发企业资质证书。

2）取得土地使用权证书或者土地的批准文件。

3）持有建设工程规划许可证和施工许可证。

4）已通过竣工验收。

5）拆迁安置已经落实。

6）供水、供电、供热、燃气、通信等配套基础设施具备交付使用条件或者已确定施工进度和交付日期。

7）物业管理方案已经落实。

2. 商品房预售

商品房预售是指房地产开发企业将正在建设中的商品房预先出售给买受人，并由买受人支付定金或者房价款的行为。

商品房预售只适用于城市商品房，在预售前向县级以上人民政府房产管理部门办理预售登记，取得商品房预售许可证明。

商品房预售应当符合以下条件。

1）已交付全部土地使用权出让金，取得土地使用权证书。

2）持有建设工程规划许可证和施工许可证。

3）按提供预售的商品房计算，投入开发建设的资金达到工程建设总投资的 25%以上，并已经确定施工进度和竣工交付日期。

商品房预售人应当按照国家有关规定将预售合同报县级以上人民政府房产管理部门和土地管理部门登记备案。

商品房预售所得款项，必须用于有关的工程建设。

任务二　按揭贷款指标解读

核心指标

首付比

按揭利率

住房公积金

等额本息还款

等额本金还款

小看板

最低的购房首付比是多少

张女士最近看中一套错层住宅，面积为 100 平方米，总价为 300 万元，而自己所有的积蓄只有 100 万元，自己正为购房款发愁时，开发商告诉张女士可以向银行按揭贷款。那么向银行按揭贷款，最低的首付比究竟是多少？

一、首付比

首付比就是银行在给按揭客户办理按揭住房贷款的时候，客户自己最少需要支付给开发商的房款部分占房款总额的比例。

如何计算首付比？商品房最低首付比应为多少？

$$首付比=首付金额/房款总额\times100\%$$

例如，假设某套商品房的单价为 6000 元/平方米，单套面积为 100 平方米，即房款总额为 60 万元。购房者利用自有资金支付给开发商的房价款为 18 万元，剩余部分向银行按揭贷款，则购房者的首付比=首付金额/房款总额=18/60×100%=30%。我们一般说首付比为三成。

首付比并不是由购房者自行确定的，也不是固定不变的。中央银行、中国银行保险监督管理委员会将根据房地产市场的变化确定购房最低首付比，各大银行在不低于这个首付比的前提下可自行确定。目前，大部分省市商业贷款首套房首付比为 20%～30%，对贷款购买第二套住房的家庭，首付款比例在 30%～70%。公积金贷款首付比各地不同，一般首套房贷款首付比不低于 20%；二套房首付比不低于 30%。

在上述案例中，张女士拟购商品房的面积为 100 平方米，因此无论是商业贷款还是公积金贷款，首付款比例最低均为 30%，即她自己支付的房款只要在 30 万元以上，即可向银行申请贷款。她自己所有的积蓄有 35 万元，所以只要张女士有能力定期偿还银行贷款，她完全可以购买这套住房。

算一算

张女士已经拥有一套住宅，现想再购买一套面积为 130 平方米的商品房，最低首付比为多少？

知识链接

错 层 住 宅

错层住宅的户内楼面标高不在同一水平线上，错开之处由楼梯或台阶连接，适合层数少、面积大的高档住宅，见图 6.11。

错层住宅的特点如下。

1）能动静分区。

2）具有空间感。

3）错层式住宅的结构抗震性能处理较复杂。

4）通风、采光处理相对较难。

图 6.11　错层住宅

小看板

如何选择还款方式

　　小王夫妇准备向银行贷款 100 万元购买一套价值 200 万元的商品房，目前 5 年期以上的商业银行贷款基准利率为 4.90%，公积金贷款利率为 3.25%，显然，公积金贷款利率低于商业贷款利率；可供选择的还款方式也有等额本息还款法、等额本金还款法等数种。那么小王夫妇是否可以利用公积金贷款？应如何选择还款方式？贷款最长为多少年？

二、按揭利率

　　按揭利率是指购房者向银行按揭贷款时，在一定时期内需要支付的利息量与贷款额度的比率，通常用百分比表示。

　　如何计算利率？按揭利率是存款利率还是贷款利率？

$$利率=利息/本金\times100\%$$

　　例如，一笔贷款 1 年的利息是 50 元，贷款本金为 1000 元，则该笔贷款的年利率=利息/本金=50/1000×100%=5%。

　　利率的高低决定着一定数量的借贷资本在一定时期内获得利息的多少。同样借贷 1000 元资金，若年利率为 5%，则年支付利息为 50 元；若年利率为 10%，则年支付利息为 100 元。影响利息率的因素主要有资本的边际生产力或资本的供求关系，此外还有承诺交付货币的时间长度及所承担风险的程度。利息率政策是西方宏观货币政策的主要措施，政府为了干预经济，可通过变动利息率的办法来间接调节通货。在萧条时期，降低利息率，扩大货币供应，刺激经济发展；在膨胀时期，提高利息率，减少货币供应，抑制经济的恶性发展。

　　按揭利率的公式为

$$按揭利率=利息/贷款额度$$

　　购房按揭利率是一种贷款利率。根据我国现行规定，对于贷款购买普通自住房的居民家庭，首套住房商业性个人住房贷款利率下限调整为不低于相应期限贷款市场报价利率（LPR）减 20 个基点，二套住房商业性个人住房贷款利率政策下限不低于相应期限贷款市场报价利率（LPR）加 80 个基点。

商业贷款利率（2022 年 5 月 15 日调整并实施）与公积金贷款利率（2015 年 10 月 24 日调整并实施）比较见表 6.2。

表 6.2   商业与公积金贷款利率比较

公积金贷款利率		商业贷款利率（下限）	
项目	利率	项目	利率
5 年（含 5 年）以下	2.75%	首套住房	3.50%
		二套住房	4.30%
5 年以上	3.25%	首套住房	4.25%
		二套住房	5.05%

想一想

张女士已经通过商业银行贷款购买了一套住宅，目前尚未还清。看到房地产行情看涨，想再贷款购买一套住宅作为投资，则张女士享受的按揭贷款利率是多少？

三、住房公积金

住房公积金是指国家机关、国有企业、城镇集体企业、外商投资企业、城镇私营企业及其他城镇企业、事业单位、民办非企业单位、社会团体（以下统称单位）及其在职职工缴存的长期住房储金。

（一）住房公积金缴存比例

住房公积金包括职工个人缴存和职工所在单位为职工缴存两个部分，全部属职工个人所有。单位和职工个人一般按同等比例缴存，即职工月缴存 200 元住房公积金，则单位同等给职工缴存 200 元住房公积金，这 400 元的住房公积金均属职工所有。

职工和单位住房公积金的缴存比例均不得低于职工上一年度月平均工资的 5%；有条件的城市，可以适当提高缴存比例。具体缴存比例由住房公积金管理委员会拟订，经本级人民政府审核后，报省、自治区、直辖市人民政府批准。

（二）提取住房公积金的前提

职工有下列情形之一的，可以提取职工住房公积金账户内的存储余额：

1）购买、建造、翻建、大修自住住房的。

2）离休、退休的。

3）完全丧失劳动能力，并与单位终止劳动关系的。

4）出境定居的。

5）偿还购房贷款本息的。

6）房租超出家庭工资收入的规定比例的。

依照前款第 2）、3）、4）项规定，提取职工住房公积金的，应当同时注销职工住房公积金账户。

职工死亡或者被宣告死亡的，职工的继承人、受遗赠人可以提取职工住房公积金账户内的存储余额；无继承人也无受遗赠人的，职工住房公积金账户内的存储余额纳入住房公积金的增值收益。

可见，住房公积金是职工按规定存储起来的专项用于住房消费支出的个人住房储金，具有两个特征：一是积累性，即住房公积金虽然是职工工资的组成部分，但不以现金形式发放，并且必须存入住房公积金管理中心在受委托银行开设的专户内，实行专户管理；二是专用性，住房公积金实行专款专用，存储期间只能按规定用于购买、建造、大修自住住房，或缴纳房租。职工只有在离退休、死亡、完全丧失劳动能力并与单位终止劳动关系或户口迁出原居住城市时，才可提取本人账户内的住房公积金。

（三）住房公积金贷款

个人住房公积金贷款是国家为职工提供的政策性低息住房贷款。它是以住房公积金为资金来源，向缴存住房公积金的职工发放的定向用于购买自住住房的住房消费贷款。正常缴存住房公积金的职工，在本市城镇购买具有所有权的自住住房时，可以其所购买的产权住房作抵押，向住房公积金个人购房贷款受托商业银行申请住房公积金个人购房贷款。

各省市对住房公积金贷款的条件、贷款额度、贷款年限等规定有所不同，现以杭州为例作如下说明。

1. 申请住房公积金贷款条件

（1）贷款的基本条件

职工首次申请住房公积金贷款，应当同时符合下列基本条件。

1）按规定正常足额缴存住房公积金，且在申请贷款时已连续缴存一年以上。

2）购买住房为自住普通住房，有符合法律规定的购房合同和相关证明材料。

3）购买商品房的，销售楼盘已经中心审批同意，在合同签订（付款方式约定为按揭贷款）、支付首付款后，提出贷款申请。

4）购买二手房的，房产代理中介已经中心备案，在合同签订（付款方式约定为按揭贷款）、支付首付款后，办理房产交易过户手续前，提出贷款申请。

5）购买公有住房的，应在合同签订、全部房价款已付清后，办理房产交易过户手续前，提出贷款申请。

6）拆迁安置的，应在合同签订、全部房价款已付清后，办理房产交易过户手续前，提出贷款申请。

（2）二套房贷款条件

1）符合贷款基本条件，且职工家庭（借款人、配偶）未使用公积金贷款或公积金贷款已还清。

2）职工家庭（借款人、配偶、未成年子女）现有人均住房建筑面积低于本市统计部门公布的上年度平均水平。

2. 住房公积金贷款额度

住房公积金贷款额度依据职工月缴存额、房价、首付比例及个人信用状况等因素综合确定。

3. 住房公积金贷款期限

贷款期限最长为 30 年，且不超过职工及其配偶法定退休年龄延后 5 年（男性 65 周岁，女性 60 周岁）。其中，二手房贷款年限加房龄不大于 40 年。

4. 住房公积金贷款利率

全国住房公积金贷款利率按照中国人民银行公布的利率标准执行。自 2015 年 10 月 24 日调整并实施的最新住房公积金贷款利率标准为 5 年以上公积金贷款利率 3.25%，月利率为 3.25%/12；5 年及以下公积金贷款利率为年利率 2.75%。

> **议一议**
>
> 是否所有消费者均可申请住房公积金贷款？

四、住房商业贷款

个人住房商业贷款是我国公民因购买商品房而向银行申请的一种贷款，具体指具有完全民事行为能力的自然人，购买本市城镇自住住房时，以其所购买的产权住房（或银行认可的其他担保方式）为抵押，作为偿还贷款的保证而向银行申请的住房商业贷款。

各个银行在申请个人住房商业贷款条件上会有一些细微的差别，但一般来说需满足下列条件。

1）具有完全民事行为能力的自然人，具有城镇常住户口或有效居留身份，即要求借款人有合法的身份。

2）有稳定的职业和收入，信用良好，有偿还贷款本息的能力。

3）对首付款的要求，银行间有些许差异。但各银行所规定的首付款不能低于国家标准。

4）有贷款人认可的资产作抵押或质押，或有符合规定条件、具备代偿能力的单位或个人作为偿还贷款本息并承担连带责任的保证人。

5）具有购房合同或协议。

6）贷款人规定的其他条件。购房者在申请贷款时要参阅贷款银行的具体规定。

个人住房商业贷款年限各大银行也不尽相同，但大多数银行均规定贷款期限最长不超过 30 年。

1. 等额本息还款

等额本息还款方式是目前最为普遍，也是大部分银行长期推荐的方式。它是指贷款期限内每月以相等的金额偿还贷款本息，直至结清贷款。采用等额本息还款，借款人归还的利息和本金之和每月都相等，利息和本金占计划月还款额的比例每次都发生变化，开始时由于本金较多，因而利息占的比重较大，当期应还本金=计划月还款额−当期应还利息，随着还款次数的增多，逐渐减少，本金所占比重逐渐增加。计算公式为

$$月还款额=[贷款本金×月利率×(1+月利率)^{还款月数}]/[(1+月利率)^{还款月数}−1]$$

其中，还款月数=贷款年限×12。

例如，向银行贷款 50 万元，还款年限为 15 年，按照目前银行的利率 6.55%计算，选择等额本息贷款，每个月大约还 4369.29 元。初始的两三年，4369.29 元中大约 80%以上是归还银行的利息部分。整个贷款期间需支付利息 286 472.56 元。

采用这种还款方式，每月还相同的数额，作为贷款人，操作相对简单。每月承担相同的款项也方便安排收支。

但消费者若根据公式计算月还款额时确实比较复杂，目前很多银行网站提供贷款计算器，消费者只要输入贷款金额、贷款期限、贷款利率及还款方式，就可输出每月还款额。例如，东方财富网个人贷款计算器的网址为 http://data.eastmoney.com/money/calc/CalcGRDK.html.。通过贷款计算器，就可快速便捷地计算每月还款额及每月负担的利息。

2. 等额本金还款

等额本金还款是指贷款人将本金分摊到每个月内，同时付清上一交易日至本次还款日之间的利息，贷款利息随本金减少逐月递减直至结清贷款。采用等额本金还款，每月归还本金的数额相等，利息=当期剩余本金×日利率×当期日历天数，每月的还款额并不是固定的，而是随着每月本金的减少而递减，随着还款次数的增多，利息由多逐渐减少。计算公式为

$$月还款额=贷款本金/还款月数+(贷款本金−累计已还本金)×月利率$$

其中，累计已还本金=已经归还贷款的月数×贷款本金/还款月数。

例如，向银行贷款 50 万元，还款年限为 15 年，按照目前银行的利率 6.55%计算，选择等额本金还款，首月利息为 2729.19 元，总计首月偿还银行 5506.94 元，随后，每个月的还款本金不变，利息逐渐随本金归还减少。整个贷款期间需支付利息 246 989.58 元。比等额本息还款方式支付利息要少 39 482.98 元。

由此可见，若贷款金额、贷款年限和贷款利率相同，选择等额本金还款方式比选择等额本息还款方式总的付息额要少。但在具体选择还款方式时并不存在合不合算的问题，只存在合不合适的问题。借款人需要根据借款人自己的家庭收入状况等来选择适合自己的还款方式，而不能只看利息的多少。事实上，等额本金和等额本息两种不同的还款方式各有所长。例如，选择等额本息还款方式，每期（月）的还款额一样，有利于对家庭的开支和还款计划做出安排；选择等额本金还款方式，每期（月）还款额不一样，

前期还款压力大，以后逐期递减。

　　因此对某个具体的借款人来说，如果收入处于稳定状态的家庭，买房自住，经济条件不允许前期投入过大，可以选择等额本息还款方式；虽然目前的收入比较高，但是将来又有可能减少收入，如数年后即将面临退休的中年借款人，就适合选择等额本金还款方式。

　　公积金贷款与商业贷款月还款额比较见表6.3。

表6.3　公积金贷款与商业贷款月还款额比较

等额本息还款方式贷款50万元公积金贷款月还款额		等额本息还款方式贷款50万元商业贷款月还款额		等额本息还款方式贷款50万元两者月还款相差	
时间（利率）	月还款额/元	时间（利率）	月还款额/元	时间	相差金额/元
5年（4.0%）	9208.26	5年（6.4%）	9759.67	5年	551.41
10年（4.5%）	5181.92	10年（6.55%）	5690.13	10年	508.21
15年（4.5%）	3824.97	15年（6.55%）	4369.29	15年	544.32
20年（4.5%）	3163.28	20年（6.55%）	3742.6	20年	579.32
25年（4.5%）	2779.16	25年（6.55%）	3391.67	25年	612.51
30年（4.5%）	2533.43	30年（6.55%））	3176.80	30年	643.37

任务三　房地产市场风险指标解读

核心指标

　　空置率
　　房价收入比
　　租售比

小看板

空置率上升≠供大于求？

　　近年来，我国房地产投资一直保持了近三成的快速增长势头，商品房销售价格一路攀升，而商品房空置面积一直呈现居高不下的态势。目前全国空置率已达到26%，大大超过国际公认的10%的警戒线。中国房市存在着"供不应求——房价上涨过快；供大于求——空置率过高"这样一个相互矛盾的现状。

一、空置率

　　在国外，空置是指房屋没有投入使用，处在待出租或出售的状态。空置率则多以全部房屋存量为分母，以全部空置房屋为分子，计算出总空置率；也可以依据房屋的种类（住宅、办公楼、商业用房）和交易方式（出租或出售）细分空置率；计算单位可以是面积或套。在国内，只有一个空置率，即商品房空置率，是指当前商品房空置量与近3年商品房可供数量之比。商品房可供数量，通常是指当年商品房竣工面积。

如何计算空置率？按照国际标准空置率多少较为合理？

商品房空置率=累计的商品房空置面积/近3年商品房竣工面积之和

例如，某省累计商品房空置面积为2万平方米，近3年商品房竣工面积之和为20万平方米，则该省商品房空置率=累计的商品房空置面积/近3年商品房竣工面积之和=2/20=10%。

空置率是反映商品房供求状态和房地产市场泡沫程度的指标。空置率过高形成供大于求的房地产市场，最后将导致房地产泡沫的破裂，市场出现大量的烂尾楼。

值得注意的是，我国空置率的计算方法和国际通行的并不一样。国际上的空置率是用空置量除以全部存量房，而我国目前的空置量是用空置量除以增量房，分母的不一样导致我国的房地产空置率与国际比较偏高。因此对于我国的房地产空置率，不宜简单套用国际上10%的警戒线。

议一议

目前我国空置率大概有多少？我们能否以空置率这个单一指标来衡量我国房地产市场状况？

知识链接

房地产泡沫

根据经济学的解释，房地产泡沫是虚拟需求的过度膨胀导致价格水平相对于理论价格的非平稳性上涨。换言之，房地产泡沫是指人们为了得到该房屋而必须支付的金钱猛涨而远离其为得到该房屋而愿意支付的金钱。"必须支付的金钱"与"愿意支付的金钱"之间的"差额"就是泡沫。我们假设"必须支付的金钱"为A，"愿意支付的金钱"为B，则"差额"即泡沫$C=A-B$。

当房地产市场价值（价格）均衡时，"必须支付的金钱"等于"愿意支付的金钱"，即$A/B=1$时，$C=0$，说明此时泡沫不存在。当房地产市场价值不能实现均衡，"必须支付的金钱"大于"愿意支付的金钱"，即$A/B>1$时，显然，此时$C>0$，说明泡沫存在；显然，A/B的比值越大，此时C数值也相应越大，说明泡沫也越严重。此时也是最典型的房地产泡沫，即房屋空置泡沫。

当然，泡沫也很可能呈现一种更复杂的、更隐蔽的表现形式，那就是价值（价格）虽然实现了均衡（供给价格与需求价格均衡），但此时的B实际上却是由B_1+B_2所构成的。其中，B_1是真实的"愿意支付的金钱"，即真实（自住和投资）购房者"愿意支付的金钱"；而B_2是虚拟的"愿意支付的金钱"，即投机购房者"愿意支付的金钱"。此时虽然$A/B=1$，

即 $C=0$，但此时的 B_2 从本质意义上讲，其实同 C 并没什么根本的差别。这时的泡沫表现形式就是房地产价格泡沫或房地产投资泡沫这两种形式，或这两种形式兼而有之。当然，实际市场情形可能会更加复杂，即在 $A/B>1$，即 $C>0$ 时，依然有 B_2 的存在，实际上很可能房屋空置泡沫、地产价格泡沫和地产投资泡沫这三种形式同时存在。

（资料来源：作者根据相关资料整理。）

烂 尾 楼

烂尾楼是指已经办理用地、规划手续，项目开工后，因开发商无力继续投资建设或陷入债务纠纷，停工一年以上的房地产项目。烂尾楼不同于尾房，尾房又称扫尾房。它是房地产业进入散户零售时代的产物，是空置房中的一种。一般情况下，当商品住宅的销售量达到80%以后，一般就进入房地产项目的清盘销售阶段，此时所销售的房产都是开发商经过正常的销售后剩下的少量没有竞争力的房子，这些房子因朝向不好、采光不足或楼层不佳等较难销售。因此尾房和烂尾楼并不指同一概念。

烂尾楼形成的原因较多。例如，在建楼盘的开发商破产、缺乏建设资金、项目涉及经济纠纷、开发商违法违规而导致工程停工等。其中，多半是因为资金链条断裂，工程未完，开发商已经拿不出钱，银行也不愿继续贷款，而项目又无法转让给其他投资人，无奈中断实施中的工程。这样的例子有许多，而处置烂尾楼，也变成地方政府长期的"心病"。

（资料来源：作者根据相关资料整理。）

想一想 烂尾楼是否就是尾房？

小看板

以房价收入比衡量房价是否合理

目前国际上公认的"合理的住房价格"的"房价收入比"应该为 3～6 倍，世界银行专家的说法为 4～6 倍。然而，在我国的许多城市，房价与收入之比已经远远超过国际上通行的警戒界限，有些城市甚至达到了 10 倍以上。我国房价收入比过高的原因是什么？这是否意味着我国房价已经超出居民的承受能力？

二、房价收入比

房价收入比是指商品房销售总价与居民户年均收入之比。

房价收入比是怎么计算的？如何用房价收入比这一指标衡量房地产市场？

房价收入比=商品房销售总价/居民年均收入

例如，一套商品房价格为56万元，居民家庭年均收入为 7 万元，则房价收入比为8；假定收入在 10 万元，其房价收入比为 5.6，依此类推。在具体计算时，我们往往只能根据统计年鉴查询某地区商品房销售单价及居民人均可支配收入。此时在计算房价收入比时，我们一般按照每套 90 平方米来计算商品房总价，将人均可支配收入乘以 3（平均每户家庭人数），得出家庭年均总收入。

上海易居房地产研究院发布的《2020 年全国房价收入比研究报告》显示，2020 年，全国商品住宅房价收入比为 9.2，相比 2019 年的 8.7 小幅上升。

目前国际上公认的"合理的住房价格"的"房价收入比"应该为 3～6 倍，世界银行专家的说法为 4～6 倍。对于"房价收入比"的分析，各方反应不一。有人认为，"房价收入比"不能完全反映房地产市场的现状。因为房价收入比是指商品房销售总价与居民户年均收入之比，房价收入比也就是由上述两个指标计算得来。两个指标的计算口径存在着分歧，具体表现在以下两个方面：一种分歧是关于家庭年收入的确定，具体表现在是以年平均家庭可支配收入为计算依据还是以年平均家庭总收入为计算依据，此外纳入我国家庭收入统计的收入也只是全部家庭收入中的一部分，还有很大一部分隐性收入没有计进来；另一种分歧是关于单套房屋价格的确定，具体表现在是以现有家庭平均住房面积为依据来计算房价还是以市场上销售的平均单套房屋面积来计算房价。根据国际通行的计算标准，年家庭收入应以年平均家庭总收入为计算依据。因此，对指标的计算口径不同导致我国房价收入比不能简单地用国际标准来衡量。

算一算

若某城市商品房销售均价为 5000 元/米^2，居民家庭年均收入为 10 万元，按照每套 100 平方米计算，则房价收入比为多少？是否超过国际上公认的"合理的住房价格"？

知识链接

可支配收入

可支配收入是指居民家庭可以用来自由支配的收入，是家庭总收入（包括工薪收入、经营净收入、利息租金红利等财产性收入、退休金和赠送赡养救济搭伙等转移性收入）扣除缴纳的所得税、个人缴纳的各项社会保障支出以及调查户记账补贴后的收入。

国家统计局于 2022 年 2 月 28 日发布《中华人民共和国 2021 年国民经济和社会发展统计公报》。

数据显示，2021 年全年全国居民人均可支配收入 35 128 元，比 2020 年增长 9.1%，扣除价格因素，实际增长 8.1%。全国居民人均可支配收入中位数 29 975 元，增长 8.8%。按常住地分，城镇居民人均可支配收入 47 412 元，比 2020 年增长 8.2%，扣除价格因素，实际增长 7.1%。城镇居民人均可支配收入中位数 43 504 元，增长 7.7%。农村居民人均可支配收入 18 931 元，比 2020 年增长 10.5%，扣除价格因素，实际增长 9.7%。农村居民人均可支配收入中位数 16 902 元，增长 11.2%。城乡居民人均可支配收入比值为 2.50，比 2020 年缩小 0.06。按全国居民五等份收入分组，低收入组人均可支配收入 8333 元，中间偏下收入组人均可支配收入 18 445 元，中间收入组人均可支配收入 29 053 元，中间偏上收入组人均可支配收入 44 949 元，高收入组人均可支配收入 85 836 元。全国农民工人均月收入 4432 元，比 2020 年增长 8.8%。2021 年全年脱贫县农村居民人均可支配收入 14 051 元，比 2020 年增长 11.6%，扣除价格因素，实际增长 10.8%。

（资料来源：国家统计局，2022. 中华人民共和国 2021 年国民经济和社会发展统计公报[EB/OL]．（2022-02-28）
[2022-03-01]．http://www.stats.gov.cn/xxgk/sjfb/zxfb2020/202202/t20220228_1827971.html.）

小看板

是否值得投资房地产？

小张手头上有一笔闲置资金，听说房地产既可保值增值，又可通过出租将获得租金收入。因此，他想购买一套商品房用于出租。经过一段时间的了解，他看中了市中心一套建筑面积为 90 平方米左右的二手房，售价大约在 72 万元，而类似的房屋用于出租可获得月租金大约为 2400 元。那么，小张是否值得投资该商品房呢？

三、租售比

租售比是指房屋每平方米使用面积的月租金与每平方米建筑面积的房价之比，用 1：X 来表示。

如何计算租售比？计算这一指标有何意义？

租售比=房屋每平方米使用面积的月租金/每平方米建筑面积的房价

在上例中，房屋的建筑面积为 90 平方米，房屋售价为 72 万元，则每平方米建筑面积房价为 8000 元，假使该二手房的使用面积为 80 平方米，而月租金为 3200 元，则房屋每平方米使用面积的月租金为 40 元。因此，根据租售比的计算公式，该二手房的租售比为 1：200。

国际上用来衡量一个区域房产运行状况良好的售租比一般界定为（1：300）～（1：200）。如果租售比低于 1：300，意味着房产投资价值相对变小，房产泡沫已经显现；如果高于 1：200，表明这一区域房产投资潜力相对较大，后市看好。租售比无论是高于 1：200 还是低于 1：300，均表明房产价格偏离理性真实的房产价值。

在上例中，该房屋的租售比为 1：200，由此可见，若用国际租售比指标衡量，该二手房是值得投资的。如果租售比过高，超过 1：300，则可能说明房屋的投资价值较小。

知识链接

二 手 房

二手房通常是指个人购买的新竣工的商品房、经济适用住房或单位自建住房，在办完产权证具有完全处分权后，在二级市场上合法交易买卖的住房。也就是说，新建的商品房进行第一次交易时为"一手"，第二次交易则为"二手"。一些无房的人，可以买一套别人多余的房；而另一些手里有些积蓄又有小房子居住的，可以卖掉旧房买新房；而那些住房富余户，也能卖掉自己的多余住房来换取收益。

指标解释

- 容积率：某一房地产项目的总建筑面积与总用地面积的比率。
- 绿地率：居住区用地范围内各类绿地的总和与居住区用地的比率。
- 绿化率：又称绿化覆盖率，是指项目规划建设用地范围内绿化面积与规划建设用地面积之比。
- 车位配比率：居住区内居民汽车的停车位数量除以居住户数。
- 得房率：房屋套内建筑面积占该房屋建筑面积的百分比。
- 使用率：房屋套内使用面积占该房屋建筑面积的百分比。
- 面积误差比：用来衡量合同约定面积与实测面积的误差大小，即产权登记面积减去合同约定面积的差，除以合同约定面积。
- 首付比：银行在给按揭客户办理按揭住房贷款的时候，客户自己最少需要支付给开发商的房款部分占房款总额的比例。
- 按揭利率：购房者向银行按揭贷款时，在一定时期内需要支付的利息量与贷款额度的比率，通常用百分比表示。
- 空置率：国内空置率是指商品房空置率，是指当前商品房空置量与近 3 年商品房可供数量之比。
- 房价收入比：商品房销售总价与居民户年均收入之比。
- 租售比：房屋每平方米使用面积的月租金与每平方米建筑面积的房价之比，用 $1:X$ 来表示。

核心指标解读要点

- 土地单价不变时，容积率和楼面地价有何关系？
- 住宅小区内哪些绿地面积属于绿地率指标计算范畴？
- 期房和现房相比，购买期房有哪些风险？
- 小区车位配比率是否越高越好？
- 房屋产权证上登记的面积是建筑面积还是使用面积或者是套内使用面积？
- 如果面积误差比小于 6%，消费者可否要求退房？
- 定金和订金是否是同一概念？
- 跃层式住宅和复式住宅有何区别？
- 如何判断消费者是否有能力按揭贷款买房？
- 在什么情况下可以支取住房公积金？
- 哪些消费者可以申请公积金贷款？
- 等额本息还款和等额本金还款方式有何区别？

- 王小姐是某高校教师，收入较为稳定。目前拟通过公积金贷款买房，针对她的情况，应选择等额本息还款还是等额本金还款方式？
- 张先生目前是某家企业销售经理，收入较高，年过 40 岁的他想通过商业贷款购买一套跃层住宅，那么他选择哪种还款方式较为合适？
- 针对目前银行利率不断上调，消费者可否选择提前还贷？在什么情形下提前还贷较为合适？
- 房地产市场是否不存在空置率，即空置率为 0 是否最好？
- 空置率超过 20%是否可说明房地产市场已经存在泡沫？
- 我国房价收入比可否简单地套用国际标准来衡量？
- 某套房屋的租售比为 1∶100，若投资购买这套房子后对外出租并收取租金，需要多少年才能收回投资？
- 二手房是否就是旧房？

【在线学习】

访问国家统计局官网 http://www.stats.gov.cn/，进入"统计数据"栏目，在检索框中输入关键词"国房景气指数"，查看房地产业发展变化趋势；输入"70 个大中城市商品住宅销售价格"，查询了解全国大中城市住宅销售价格变动情况。

参 考 文 献

N. 格里高利·曼昆，2015. 经济学原理[M]. 梁小民，梁砾，译. 7 版. 北京：北京大学出版社.

伯纳德·鲍莫尔，2014. 经济指标解读：洞悉未来经济发展趋势和投资机会[M]. 徐国兴，吴克伦，赵少平，译. 3 版. 北京：人民邮电出版社.

陈雨露，2019. 国际金融[M]. 6 版. 北京：中国人民大学出版社.

弗雷德里克·S. 米什金，2016. 货币金融学[M]. 郑艳文，译. 11 版. 北京：中国人民大学出版社.

黄达，张杰，2017. 金融学[M]. 4 版. 北京：中国人民大学出版社.

章金萍，2012. 保险实务[M]. 北京：中国人民大学出版社.

周建松，2014. 货币金融学基础[M]. 2 版. 北京：高等教育出版社.

兹维·博迪，罗伯特·C. 默顿，戴维·L. 克利顿，2011. 金融学[M]. 曹辉，曹音，译. 2 版. 北京：中国人民大学出版社.